책을 삼키는 가장완벽한 방법

읽어도 기억에 안 남는 사람들을 위한 독서법!

책을 삼키는
가장완벽한
방법

김세연 지음

봄풀

프롤로그

책은 절대로 만만치 않다. 언제든지 누군가를 속일 준비가 되어 있다. 순진한 독자만이 그 사실을 알지 못하고 책의 속임수에 넘어갈 뿐이다. 우리는 쉽게 그 사실을 망각하지만 부정할 수 없는 사실이다. 책을 제대로 읽지 않으면 책 뒤에 숨어 있는 수많은 이기심에 자신의 생각이 지배당한다. 그럼 책을 어떻게 읽어야 할까?

책은 작가하고의 만남이다. 하지만 그 만남은 생각만큼 단순치가 않다. 작가와 독자 사이에는 엄청난 정보의 차이가 있다. 작가는 자신이 잘 알고 있는 지식을 내뿜을 준비를 하고 있지만 독자는 호기심만을 갖고 있을 뿐이다. 독자는 지식과 지혜를 얻겠다는 순진한 생각이지만 작가는 다르다. 책을 많이 팔려는 이기심도 있을 수 있고, 책을 통해 자신의 이름을 홍보하려는 사람도 있을 수 있다. 그런 목적을 지닌 책이 독자의 순진함을 모를까?

인간은 생존을 위해서라면 상상 그 이상의 무엇도 할 수 있다.

자신의 이기심을 위해서라면 독자에게 서슴없이 거짓말도 할 수 있다는 뜻이다. 게다가 수많은 종교가 전파되는 과정에서 책이 항상 함께했던 것처럼 역사적으로 책은 언제나 인간의 머리를 지배하는 도구였지 않은가.

우리가 확인해야 할 사실은 하나이다. 책과 독자의 만남 뒤편에는 이기심과 이기심이 충돌하고 있다는 점이다. 독자의 이기심이 선량하다면, 책의 이기심은 자신의 추한 모습을 철저히 숨기고 있다. 자신의 이기심을 위해 지적 호기심으로 가득찬 독자의 선량한 이기심을 언제든지 이용할 준비를 하고 있다.

우리는 책을 의심해야 한다. 책 뒤편에 떠도는 인간의 욕망으로부터 지배받지 않기 위해서라도 의심해야 한다. 지식과 지혜를 쌓고 싶은 독자의 이기심은 책에 대한 의심 뒤에도 추구할 수 있다. 우리가 바꾸고 싶은 것은 무엇인가? 책인가? 아닐 것이다. 우리 자신을 변화시키기 위해서이다. 우리가 책을 의심하면서 읽어야 하는 이유이다.

가장 기본으로 돌아가 보자. 무언가를 바꾸려면 무엇부터 해야 할까? 당연히 변화시킬 대상에 대한 정보부터 얻어야 한다. 그럼 당신은 자신의 정보를 충분히 갖고 있다고 생각하는가? 당신의 가치관이 어디서부터 왔는지 알고 있는가? 당신이 믿고 있는 그 사실은 어디서부터 왔는지 알고 있는가?

모두 대답하기 쉽지 않다. 우리가 당연하게 받아들이는 수많은 생각들이 사실은 누군가의 의도에 의해서 우리 머릿속에 자리 잡았다는 사실을 깨닫기 바란다.

이 책에서 말하는 책읽기는 자신과 책의 만남에 관한 독서법이다. 책에 숨어 있는 수많은 이기심을 넘어서 자신의 이기심을 충족하는 방법이다. 책에 실려 있는 지혜와 지식을 넘어서 그 책을 읽는 자신까지도 생각해 보는 시간이 되었으면 한다.

김세연

차례

4장/책을 삼키기 전에 알아야 할 것들

5장/책을 삼키는 가장 완벽한 방법

6장/계속 읽으려면

1장

왜 책을
읽으려 하는가?

독서에 기대하는 것

고난과 역경의 땅, 독서

•

나는 서울에 산다. 지방에 내려가면 어디서 왔느냐는 질문에 조금은 자신 있게 온 곳을 말한다. 하지만 막상 강남에 사는 사람들이 서울 어디에 사느냐고 물으면 설명이 길어진다. 노원구에 산다고 해야 할지, 대부분이 알고 있는 상계동과 중계동을 먼저 이야기한 다음에 사는 곳을 말해야 할지 망설여진다. 그렇다! 내가 사는 곳은 서울의 위쪽 끝에 있는 노원구 하계동이다. 친구들에게는 나름 살기 좋은 동네라고 자신 있게 떠벌이지만, 같은 서울에 살아도 그곳이 서울 어디쯤인지 감조차 못 잡는 사람들도 꽤 있다 보니 설명하려면 애를 먹는 곳이기도 하다.

내가 사는 하계동은 마치 서울임을 증명이라도 하려는 듯 지하철이 다닌다. 바로 7호선. 서울 어디를 가려면 무조건 이 7호선 지하철에 몸을 던져야 한다. 그리고 이러저러 환승을 하고 나야 목적지에 도착한다. 심지어 서울의 심장부인 '종로'를 가려고 해도 두 번이나 환승을 해야 한다.

환승은 지하철에서 보내는 시간을 길게 만든다. 당연히 나는 지하철에 몸을 들이밀자마자 빈자리를 찾는다. 어디를 가든 생각보다 시간이 오래 걸리니 자리에 앉으려는 것이다. 서서 가는 것보다는 편하니까. 그러나 실은 지하철에서 책을 읽는 습관이 나를 '앉는 일'에 더 목마르게 한다. 가끔 이 갈증으로 대한민국 아줌마와 긴장관계를 형성하면서도 쉽게 포기하지 못한다.

지하철에서 긴 시간을 보내게 되면서 생긴 습관이 바로 책읽기이다. 더불어 어디를 가든 책 한 권은 들고 가는 버릇까지도……. 그 때문일까? 가끔 책을 읽다가 주변을 둘러본다. 나 말고 누가 또 책을 보는지 확인하기 위해…….

"사막이 아름다운 이유는 어딘가에 오아시스를 숨기고 있기 때문이야."

이 말은 《어린 왕자》로 유명한 생텍쥐페리가 했다. 그런데 나는 사막보다는 오아시스 자체가 훨씬 더 아름답다고 생각한다. 사막이라는 황량한 곳에서 눈부신 파란 하늘을 담을 수 있는 건 오아시스뿐이니까. 내가 오아시스를 더 좋아하는 이유이다. 생택쥐페리는 사막을 비행하면서 그 아름다움에 취했는지 모르겠지만, 나는 아직 사막을 비행해 본 적이 없다.

대한민국의 지하철에서 책을 읽는 낯선 행동은 사막의 오아시스가 되는 것과 같다. 다들 스마트폰으로 게임을 하거나 텔레비전을 본다. 사막에서 오아시스를 발견하기 어렵듯 지하철에서 책을 읽는 사람을 발견하는 일도 그만큼 쉽지 않다. 생택쥐페리는 말할지 모른다. 한국의 지하철은 어딘가에 책을 읽는 사람이 있어서 아름답다고. 하지만 난 그냥 책을 읽는 사람들이 아름다워 보인다. 고난을 통해 얻게 되는 열매 때문에 그 고난이 아름다운 건지는 아직 모르겠다. 난 그냥 오아시스라는 열매가 좋다. 게다가 여기는 '한국 사회'이다. 타인의 시선으로 자신의 가치를 결정하는 사회에서 '다름'을 선택하는 일은 그 자체로 아름다울 수 있다.

그렇다. 우리는 그런 사회에 살고 있다. 어떤 사회? 지하철에서 책 읽는 사람이 사막에 있는 오아시스와 같아진 사회, 책을 읽는 것이 신기한 사회, 손에 스마트 폰이 없거나 책이 있으면 이상한 사회에 우리는 산다.

문화체육관광부가 조사한 바에 따르면 2015년 대한민국 성인 1년 평균 독서량이 9.1권이라고 한다. 믿기지 않는다. 차라리 열 명 중 세 명은 1년 동안 책 한 권도 읽지 않는다는 설문조사가 더 마음에 와 닿는다. 왜? 그게 내 주변 현실이니까.

그런데도 당신은 책을 읽으려고 하고, 어떻게 읽어야 하는지 궁금해한다. 혹시 스마트 폰이 없는가? 아니면 당신도 하계동에 사는가? 도대체 무엇 때문에 재미진 스마트 폰의 세계에서 고난과 역경의 땅인 독서의 세계로 오려고 하는가?

책에서 길을 발견했다고요?

•

"개천에서 용 난다."는 속담은 유통기한을 다했다. 정확히는 그 속담의 '뜻'이 유통기한을 다했는지도 모르겠다. 스스로 노력해서 출세하는 시대, 공부만 잘하면 무엇이든 될 수 있는 시대, 맹자(孟子)가 말했던 호연지기(浩然之氣)를 기르던 시대는 이미 끝났다. 오랜만에 가본 초등학교 앞 문방구가 사라지고 없듯 개천에서 용이 나는 시대는 그렇게 각자의 가슴에만 남아 있다.

맞다. 인정해야 한다. 이제는 그런 시대가 아니다. 주변을 둘러봐도 그런 사람은 없다. '내 주변이 너무 더러운 개천이라서 없는 건 아닐까?'라고 의문을 가져 보지만, 신문에서도 방송에서도 그렇다고 한다. 그럼 도대체 지금은 어떤 시대인가?

2013년, 책 한 권으로 프랑스와 미국의 출판계가 몹시도 들끓었다. 토마 피케티(Thomas Piketty)라는 프랑스 경제학자가 쓴《21세

기 자본》 때문이다. 7백 페이지나 되는 두꺼운 분량에 어려운 공식
이 덕지덕지 쓰여 있다. 책의 겉모습은 그리 호감이 가지 않는다.
하지만 폭발적인 인기를 누렸다. 호감이 안 가는 외모에도 인기가
많다면 답은 하나, 내용이 매력적이라는 얘기이다. 그 엉성한 모습
의 책에서 피케티 교수는 무엇을 말하려고 했을까? 그의 메시지는
간단했다.

"지금은 스스로 돈을 벌어 부자가 될 수 없다. 이 시대에 부자가
되는 방법은 부모로부터 물려받는 것이다."

대한민국 사회는 그의 이론에 몸소 화답했다. 의사가 되어도
부모가 병원을 차려 줄 형편이 못 되면 그저 그런 의사가 되어야 하
고, 법조인이 되려면 학비가 일 년에 수천만 원이나 드는 로스쿨이
라는 대학원에 진학해야 한다. 스스로의 힘만으로 노력해서 좋은
직업을 가질 기회는 점점 사라지고, 조선시대처럼 법적인 신분은
없지만 경제적 신분에 묶여 평생을 살아야 한다. 우리는 자본주의
의 정점을 찍고 있는 그런 사회에 살고 있는 것이다. 그런데 당신은
그 와중에 책을 읽으려고 한다. 왜 그럴까? 혹시 성공하고 싶은가?
그래서 책을 읽는가? 섣불리 추측해 본다. 당신이 책을 읽는 이유
가 순수하지 않을 것이라고…….
난 합리적인 편이다. 자본주의 사회에서 최고의 가치를 지닌

물건은 돈이다. 책을 사는 데 돈을 투자했다면 책값보다 더 많은 수익을 내야 한다. 이유 없이 돈을 쓰는 짓은 자본주의 사회에서는 사기꾼이나 하는 행동 패턴이다. 자신이 투자한 가치보다 더 많은 가치를 얻으려는 것은 비난받을 행동이 아니다. 왜? 그것이 자본주의에 적응한 자연스러운 인간의 본성이기 때문이다. 동심을 파괴한다고 비난하지 말았으면 좋겠다. 요즘은 초등학생들도 그 정도는 알고 있다.

다시 한 번 묻겠다. 당신은 지금 자본주의의 본성을 독서에도 적용하려 하는 것은 아닌가? 만약 그렇다면 내 생각에 당신은 지금 속고 있다. 많은 사람들이 책에서 길을 발견한 것처럼 말하지만, 솔직히 책 읽는 사람조차 찾기 힘든 사회에서 자신의 길을 발견하고 성공한 사람까지 찾을 수 있을까?

그럼에도 책을 읽으면 성공할 수 있다는 예언자적 발언을 하는 사람들이 널렸다. 고전을 읽으면 성공할 수 있다는 사람, 독서로 IMF 위기를 극복한 기업이 있으니 책을 읽으라는 사람, 대기업을 그만두고 3년 동안 만여 권을 읽으니 길이 보여 성공했다는 사람까지……. 정말 이 세상에는 독서로 성공한 사람이 많아 보인다.

그런데 당신은 그 책을 쓴 사람 말고 또 독서로 성공한 사람을 보았는가? 혹시 성공한 어떤 사람이 그런 책을 보고 성공했다는 이야기를 들어보았는가? 단정적으로 말하겠다. 그런 사람은 없다. 존재하지 않는다. 지금 우리는 '외계인이 지구에 있는가'라는 문제로 토론하는 게 아니다. 당신은 '이 세상에는 보이지 않지만 존재하는 것이 분명 있다.'고 주장할 수 있지만, 여기서는 증명된 사실만 갖고 이야기하자. 나도 우리 집 지하에 빌 게이츠보다 더 많은 돈을 파묻어 놓고 있다고 주장하지 않겠다.

잡스와 나의 차이는 독서뿐?

●

지금부터 독서와 성공의 상관관계를 파악하는 작업을 해 보자. 당신도 '우리가 볼 수는 없지만 존재하는 무엇이 있다.'는 주장은 잠시 접어두길 바란다.

성공이란 단어는 추상적이다. 사전에는 "목적하는 바를 이룸"이라고 나온다. '목적하는 바'는 각자의 마음속에 있으니 성공이라는 단어의 본성이 추상적이다. 그런데 성공이라는 단어가 자본주의를 만나는 순간 꽃이 되었다. 자본주의가 성공이라는 이름표를 달고 있기 때문일까? 지금은 누구나 성공의 뜻을 안다.

독서를 통해 성공하고 싶어 하는 사람들 대부분은 경제적 성공을 원한다. 시골 중학교 야구선수가 말하는 성공처럼 막연하지 않다. 그렇다고 순수하지도 않다. 최소한 시골 중학교 야구선수는 자신의 성공을 위해 스윙 연습을 한 번이라도 더 하는 순수함은 간직하고 있다.

그럼 성공 앞에 '경제적'이라는 단어를 넣어보자. '경제적 성공'

을 위해 독서를 해야 한다고 말하면 조금 느낌이 달라지긴 한다. 물론 단어 하나를 추가했다고 독서와 성공의 상관관계 없음이 증명되지는 않는다. 당연하다.

독서로 성공을 이야기하는 사람들은 말한다. "우리가 성공하지 못한 이유는 내가 뛰어난 능력이 없어서이다. 그런데 예부터 뛰어난 사람은 독서로 자신의 능력을 길러왔다. 아인슈타인도 그랬고 스티브 잡스도 그랬다. 그러니 당신도 그들처럼 독서를 통해 그들과 같은 능력을 갖추고 인생을 살면 성공할 수 있다."고.

독서가 경제적 성공을 가져다준다고 이야기하는 책에 설득당한 사람들에게 이런 논리는 매력적이다. 단순하고 명쾌하다. 한 개인이 막연히 알고 있는 정보 속에서 판단해 보면 수긍할 수밖에 없다. 게다가 자신과 비교해 보면 더 명확하다. '아인슈타인도 책을 많이 읽었다. 그런데 나는 그렇지 않다. 스티브 잡스도 인문학을 강조한다. 그런데 나는 그렇지 않다. 그러니 성공한 그들과 아직 성공하지 못한 나의 차이는 독서뿐이다.'

하지만 정말 독서뿐이겠는가? 인간이 살면서 자신이 뜻한 바를 이루는 데 독서는 얼마나 직접적인 영향을 미칠까? 스티브 잡스가 성공한 이유는 책을 많이 읽어서가 아니다. 그는 애플을 창업한 후 매킨토시(Mac) 컴퓨터와 아이폰을 개발했기 때문에 성공했다. 아인슈타인의 성공 요인도 절대 독서가 아니다. 그의 성공은 '상대성 이론'이 바탕이 되었다. 독서가 성공에 도움이 될 수는 있지만,

독서로 인해 성공했다는 말은 머리가 좋아진 원인이 견과류를 먹어서라고 주장하는 것과 같다.

인과관계는 명확해야 한다. 범죄자를 처벌하는 근거인 대한민국 형법에는 '인과관계와 객관적 귀속'이라는 이론이 나온다. 즉, 범죄라는 결과가 있으면 범인이라는 원인이 있고, 범인은 자신이 한 행동에 한해서 처벌받는다는 이야기이다. 하지만 살인자를 낳은 부모에게 그 책임을 묻지는 않는다. 부모가 나쁜 환경에서 아이를 교육한 잘못은 있을 수 있지만, 그 잘못 때문에 살인자인 자식의 행동까지 책임지게 할 수는 없기 때문이다.

독서와 성공의 관계도 비슷하다. 성공한 사람들의 공통점으로 독서를 들지만 그것은 결정적인 원인이 절대 아니다. 모든 원인을 성공이라는 결과와 연결하기 시작하면 끝이 없다. 성공한 사람은 인간이고, 엄마에게서 태어났고, 말을 할 수 있다. 이런 원인도 성공이라는 단어와 결합시켜 따라 할 것인가? 당신은 이미 인간이고, 엄마에게서 태어났고, 말을 할 수 있다.

새로운 반란(?)을 꿈꾸게 만든 책

•

경복궁 앞 광화문 광장에는 세 개의 상징이 있다. 세종대왕 동상, 이순신 장군 동상, 그리고 교보문고. 대한민국 서점의 상징이 바로 이 교보문고이다. 오가는 사람이 많으니 책을 사는 사람도 당연히 많다. 그 결과 이 서점은 하나의 통계를 낼 수 있게 되었다. '한 해 동안 가장 많이 팔린 책'에 대한 통계.

작가마다 책을 쓰는 기간이 다르다. 때문에 어떤 때는 영향력 있는 작가의 작품이 동시에 출간되기도 하고 시간차를 두기도 한다. 출판시장은 그런 작가에 의해 좌지우지된다. 예를 들어, 한국인이 가장 좋아하는 일본 작가인 무라카미 하루키의 책이 나오면 그해에는 그 책이 최고의 베스트셀러가 된다. 또는 조정래 선생 같은 분이 책을 내면 언제나 판매수치가 선두권을 달린다. 출판시장이 이처럼 영향력 있는 작가에 의해 좌지우지되는 것은 당연하다.

그럼 '대한민국 사람들이 많이 읽는 책의 분야'는 무엇일까? 궁금함에 이것저것 찾다가 역시 교보문고가 집계한 2011년 자료를 보게 되었다. 제목은 "2000년 이후 11년간 교보문고 베스트셀러 순위"였다. 나는 다양한 분야의 책들이 들어 있으리라 잔뜩 기대했다. 하지만 보고 나서 생각난 것은 스티브 잡스였다. 특히 그의 "단순함이 최고의 가치"라는 말이…….

1위부터 10위까지의 책 소개가 있고 그 옆에 장르가 나와 있었는데, 단순함은 이 장르 구별에서 확연히 드러났다. 딱 세 가지였기 때문이다. 자기계발서 네 종, 소설 네 종, 외국어 두 종. 게다가 외국어 책은《해커스 토익》1, 2권이었다.

순위에 두 종의 외국어 책이 포함된 것은 나름 재미있었다. 영어에 미친 대한민국 아닌가! 하지만 자기계발서와 소설만이 나머지

순위를 석권하고 있는 현실을 보고 나서는 재미는커녕 씁쓸함만 남았다. 우리는 성공 아니면 허구만 좋아하는 것 같아서 말이다.

물론 소설은 분명 허구 이상의 역할을 한다. 우리는 막연히 작가라고 하면 소설가를 떠올린다. 헤밍웨이, 조지 오웰, 톨스토이 등등. 이처럼 소설가가 작가의 대명사가 된 것은 당연해 보인다. 그들의 창작활동이 시대를 대표하고 이끌었으니까.

그렇다면 자기계발 분야도 마찬가지일까? 앞에서 책을 읽는 독자를 자본주의의 본성에 따르는 사람들이라고 했으나 모두가 그렇지는 않음을 안다. 꾸준히 책을 읽는 사람들은 자신의 지적 호기심 만족이라는 순수함이 있다. 통계가 보여 주는 현실은 다를 수 있다. 그 현실이 진실인지 아닌지는 모르겠지만, 어쨌든 통계를 근거로 말하면 '여전히 사람들은 성공을 위해 책을 보고 있으며, 그 책은 자기계발서'라는 논리가 성립한다. 독서법에 관해 이야기하면서 자기계발서를 피해 갈 수 없는 이유가 여기에 있다.

공무원이 된 대학교 동창이 있다. 그는 공무원의 안정적인 생활을 누리면서도 언제나 반란을 꿈꾸는 특이한 친구이다. 우리는 1년에 두세 번 정도 만나 안부도 묻고, 밥도 먹고, 술도 한잔한다. 그러나 그 만남에서 큰 행복감은 없다. 그건 다행이다. 행복감이 있었다면 또 다른 고민을 했을 테니 말이다.

큰 행복감은 없지만 우리의 만남은 지속되고 있다. 이유는 그가 나름 현실의 반란군이기 때문이다. 자신이 사는 현실을 바꾸기 위해 지속적으로 꿈을 꾸니 당연히 할 이야기가 많다. 대부분의 이야기는 엄청 세속적이지만 난 그의 반란 이야기가 즐겁기만 하다. 결론이 공무원으로 끝나는 것만 빼면…….

몇 해 전에도 그렇게 그 반란군의 이야기를 경청 중이었다. 그런데 이번에는 좀 진지했다. 전에는 공무원을 그만두지 않고 일본 유학을 가는 조금은 당황스런 이야기를 했다면, 이번에는 훨씬 현실적이었다. 바로 독서를 통해 변화를 만들겠다는 것이었다. 흥미 진진했다. '사람은 언젠가는 철이 드는구나.' 생각했다.

"웬일이냐? 주식이나 부동산 아니면 관심 없더니 웬 독서?"

나는 초롱초롱 빛나는 눈으로 물었다.

"나, 고전을 많이 읽을 거야. 살아 보니 정답은 고전에 있더라고. 내가 지금까지 책을 너무 안 읽었어."

신선했다. 이런 적절하고 현실적인 자기비판을 하다니……. 근데 왠지 뒷맛이 깔끔하지 못했다. 그래서 물었다.

"고전을 읽어서 뭐하게?"

이야기는 그렇게 시작되었다. 친구 이야기의 핵심에는 바로 이지성 작가가 쓴 《리딩으로 리드하라》가 있었다. 그러면서 "너도 성공하고 싶으면 고전을 많이 읽어."라는 말을 빼먹지 않았다. 세어보진 않았지만 당시 내 머릿속엔 물음표가 거짓말 조금 보태서 천 개는 족히 넘었을 것이다. '도대체 어떤 이유로 고전을 읽으면 성공할 수 있다는 황당한 믿음을 가졌을까? 물론 그것에 대해 특별히 따지거나 묻지는 않았다. 나는 당시 그 책을 읽지 않았고, 독서를 한다는 데 굳이 말리고 싶지도 않았으니까.

그러던 얼마 후 나에게도 두근거림이 찾아왔다. 반란군에게 새로운 반란을 꿈꾸게 만든 책이 내 수중에 들어온 것이었다. 친구로 하여금 고전을 읽겠다는 다짐을 하게 만든 책이니 뭔가 특별한 게 들어 있지 않을까? 나 역시 만약 이 책의 내용이 나에게 맞는다면 기꺼이 독서를 해 줄 마음이었다. 그런 생각으로 첫 장을 넘겼다. 그리고 얼마 지나지 않아 아인슈타인이 등장했다.

아인슈타인은 바보?

●

《리딩으로 리드하라》의 초반 에피소드 소재는 천재의 대명사 아인슈타인이다. 작가는 아인슈타인을 묘사하기 시작한다.

"중학생이 된 아이는 나쁜 기억력과 산만함, 그리고 불성
실한 수업태도로 유명했다."

이 문장 말고도 작가는 아인슈타인이 얼마나 형편없는 인간인지를 강조하기 위해 최선을 다한다. 한 인간의 지적 능력을 어디까지 나쁘게 묘사할 수 있을까? 의아했다. 아인슈타인이 바보이고 문

제아였던 게 그렇게 중요한 것일까? 그랬다. 작가에게는 아인슈타인이 바보가 아니면 안 될 이유가 있었다. 특히 교사들이 아인슈타인을 평가한 말이라며 다음과 같이 인용한다.

"너는 너무도 형편없는 놈이기 때문에 커서 무엇도 제대로
해내지 못할 거다."

청소년 시기의 아이에게 이런 말을 하는 교사는 어떤 사람일까? 문제가 있어 보인다. 이 말에는 당연히 권위도 진실도 담겨 있지 않다. 그럼에도 작가는 교사의 말이니 맞을 것이라는 의도를 담아 이 말에 권위를 부여한다.

사실 아인슈타인이 고등학교 때 중퇴한 이유는 담임 선생님인 그리스어 교사와의 불화가 결정적이었다. 홍성욱 교수와 이상욱 교수가 함께 쓴 《뉴턴과 아인슈타인》이라는 책을 보면, 그 그리스어 교사를 "아인슈타인을 유일하게 잘못 평가한 인물"이라고 묘사한다.

《리딩으로 리드하라》는 계속해서 아인슈타인이 문제아에다 바보였다며 그의 인생까지 비하한다.

"아이는 고등학교에서 퇴학을 당했고, 대학 입학시험에서
낙방했고, 다시 고등학교에 들어갔고, 대학교 졸업 후 별 볼 일
없는 학점과 그저 그런 졸업논문으로 인해 조교 자리조차 따내

지 못했고, 지도교수와 반목하다가 박사학위 논문을 중도에 때려치웠고, 생계를 위해 초라하기 그지없는 여러 일자리를 전전했다."

나만 그럴까? 이 문장을 읽는 동안 아인슈타인이 더 대단하다는 생각이 들었다. 비록 박사학위 논문을 중도에 때려치우긴 했지만 고등학교를 중퇴하고도 대학원 박사과정까지 갔으니 얼마나 대단한 일인가. 이건 오히려 인생 역전 스토리로 삼아야 마땅한 일이지 아인슈타인이 바보라는 생각은 들지 않았다. 태양이 동쪽에서 서쪽으로 지는 것을 보고 신이 태양을 움직인다고 평가한다고 해서 그것이 신의 능력으로 바뀌는 건 아니다.

이지성 작가는 서론에서 아인슈타인을 충분히 문제아로, 바보로 만들었다. 그다음엔 무엇이 있을까? 우리는 이미 알고 있다. 아인슈타인이 천재의 대명사란 것을. 당연히 그를 천재로 만들어야 한다. 작가는 드디어 아인슈타인이 변화하는 계기를 설명하면서 그의 맹세를 인용한다.

"나는 술 대신 철학고전에 취하겠다."

《리딩으로 리드하라》라는 책의 장점 중 하나는 각주가 있다는 점이다. 그런데 이 책에서 각주는 좀 특이한 면이 있다. 대부분의 각주는 본문의 출처나 내용을 추가적으로 설명하기 위해 사용하는데, 이 책에서는 그것 말고도 진실을 알려주는 등불 역할을 한다. 예를 들면, 아인슈타인을 바보로 만들고 나서 각주에는 "그가 원래는 바보가 아니었다는 주장이 있다."고 적는 식이다. 그러면서도 그 주장은 참고하지 않는다고 한다. 착하다. 위의 문장에서도 마찬가지다. "원문은 술이 아닌 맥주였고, 철학고전은 칸트의《순수이성비판》이었다."고 말한다.

생각해 보았다. 칸트의《순수이성비판》과 '철학고전'을 같다고 볼 수 있을까? 그럴 수 없다. 철학서적은 철학자의 가치관을 설명하는 도구이다. 한 사람이 그의 인생에 걸쳐 고민한 결과물이란 말이다. 철학자의 인생이 모두 똑같은가? 당연히 다르다. 그런데 어떻게 칸트의《순수이성비판》을 읽겠다는 아인슈타인의 말을 모든 철학고전을 읽겠다는 말로 대치할 수가 있는가? 모든 철학고전과 칸트의《순수이성비판》이 똑같다는 말인가?

철학의 대표적인 흐름에는 경험주의와 합리주의가 있다. 쉽게 말해 합리주의는 인간이 열심히 고민하면 진리를 찾을 수 있다고 주장한다. 경험주의는 그에 반해 훨씬 현실적이다. 사물을 보지 않고는 어떤 것도 알 수 없다고 한다. 칸트가 높게 평가받는 부분은 이 둘을 통합했기 때문이다. 그런데 칸트의《순수이성비판》과 경험주의와 합리주의 철학서적이 어떻게 모두 같을 수 있는가? 만약 아인슈타인의 저 맹세가 맞는다면 아인슈타인은 칸트의 시선을 공유한 것일 뿐 모든 철학고전의 시선을 공유한 것이 아니다.

작가의 목표는 뚜렷했다. 아인슈타인은 고전을 읽고 나서 천재가 되어야 했다. 그렇지 않다면 아인슈타인은 자신의 책에서 필요 없는 존재가 된다. 그런데 모자가 작다고 머리를 자를 수는 없는 노릇 아닌가.

아인슈타인이 고등학교를 중퇴한 것은 사실이다. 그래서 그는 바보였을까? 아니다. 《아인슈타인 평전》이나 《뉴턴과 아인슈타인》이란 책에는 그것이 잘못된 편견이라고 나와 있다. 분명 모든 교과목에서 아인슈타인이 뛰어나지는 않았다. 그리스어와 라틴어처럼 싫어한 과목도 있었다. 하지만 싫어한 과목의 점수도 그리 나쁘지 않았다. 최소 2(제일 높은 점수가 1이고 최하가 4인 걸로 보아 중간 이상이었음을 알 수 있다.)는 받았다고 한다. 성적에 관한 이 이야기는 아인슈타인이 다녔던 학교가 제2차 세계대전으로 소실된 후 다시 세워진 곳의 교장인 비라이트너의 진술에 따른 것이다.

아인슈타인이 자퇴를 한 이유는 당시 학교 분위기와 관계가 있다. 그가 다니던 고등학교는 자율성은 없고 명령과 복종만을 강요하는 등 수업이 군사교육처럼 이루어졌다. 아인슈타인은 이런 환경에 적응이 힘들었다. 그런데다가 결정적인 원인은 7학년 때 담임선생님인 그리스어 교사였다. 그는 아인슈타인을 싫어했다. 아인슈타인을 유일하게 잘못 평가한 인물.

《리딩으로 리드하라》에서는 이런 식의 이야기가 끊임없이 이어진다. 역사적으로 추앙받는 유명한 인물이 원래는 바보였다⋯⋯ 그러다가 인문고전 독서를 한다⋯⋯ 그 독서로 인해 천재가 된다⋯⋯. 천재는 뭐? 바로 성공의 지름길 아닌가. 그들은 모두 인문고전 독서를 통해 천재가 된 결과 성공을 할 수 있었던 것이다. 기-승-전-인문고전 독서이다. 그리고 성공이다.

《거대한 사기극》이란 책을 쓴 이원석 작가는《리딩으로 리드하라》를 비판한다. 그는 자기계발서는 종교 같다고 했다. 의지할 곳 없는 대중에게 썩은 동아줄을 내려주고는 반복해서 메시지를 전달한다는 것이다. 게다가 인문고전과 성공은 인과관계가 없다고 주장한다. 당연한 것 아닌가? 고전이란 단어는 매우 포괄적이다. 게다가 인문고전이다. 인간의 본성에 대해, 역사에 대해 이야기하는 책이다. 이런 책을 읽고 어떻게 성공을 한단 말인가?

마키아벨리의 《군주론》을 읽으면 지배계급의 의식세계를 엿볼 수 있다. 지배계급은 권력을 유지하기 위해 백성을 수단으로 본다. 그런데 이런 고전과 현대 자본주의 사회의 경제적 성공이 무슨 관계가 있단 말인가? 갑자기 전쟁을 일으켜서 지도자가 되어야 하는가? 지도자가 된 다음에는 마키아벨리의 주장대로 다스리면 되는가?

사람을 속이는 가장 좋은 방법은 믿음을 갖게 만드는 것이다. 그리고 그 믿음은 감성을 철저히 자극함으로써 나온다. 당연히 단어는 추상적이어야 한다. 명확하지 않아야만 진실의 눈을 감게 만들 수 있다.

읽기만 하라 출세가 보인다

•

세상에 성공을 원치 않는 사람이 얼마나 있겠는가? 그 마음 모르는 바 아니지만 나의 현실이 답답하면 할수록 감성에 휘둘리기 마련이다. 냉정한 한마디는 상처가 되지만 따뜻한 거짓말은 위로가 된다. 하지만 거짓말은 거짓말일 뿐이다. 현실은 바뀌지 않는다. 그 사실을 인정해야 한다.

자기계발서를 선택한 사람들은 책을 읽으면서 변화를 꿈꾸고 희망을 갖는다. 그러나 돌아오는 결과는 뭔가? 나 역시 수십 권의 자기계발서를 읽었다. 위로도 받고 희망도 가졌다. 희망이 현실이 되었다면 얼마나 좋았을까? 희망은 현실이 되지 않았다. 그냥 그뿐이었다. 반면, 확실히 얻은 게 하나 있다. '더 이상 자기계발서를 읽으면 안 되겠다.'는 생각이 그것이다.

물론 세상에 그늘이 없는 물건은 없다. 밝은 면이 있으면 어두운 면도 있다. 자기계발서를 지속적으로 읽던 고교 친구에게 왜 그렇게 꾸준히 읽었느냐고 물은 적이 있다. 그의 대답은 이랬다.

"그건 일종의 잔소리 같은 거였어. 어차피 읽다 보면 그 얘기가 그 얘기잖아. 하지만 당연히 아는 소리인데도 나태해질 때마다 들고 있으면 의지가 솟구치더라고."

맞는 말이다. 자기계발서가 나쁘다는 이야기를 하려는 게 아니다. 독서법에 관한 이야기이다. 독서는 성공을 보장해 주지 않는다. 만일 그런 의도로 책을 읽는다면 독서는 당신의 일상이 될 수 없다. 그것 하나만은 확실하다. 게다가 책도 사람이 쓴다. 순수하게 지식을 전달하는 사람도 있지만 돈벌이로 생각하는 사람도 있다. 아니, 아주 많다. 자극적인 물건일수록 사람을 더 흥분시키지만, 우리의 정신과 몸에는 그만큼 더 해로운 게 사실이다.

책 한 권의 논리를 비판한다고 생각이 바뀌는 것은 아니다. 또 그 책과 비슷하면서도 다른 논리의 책들이 나오고 있다. 책 한 권이 이처럼 미시적이라면 이번에는 거시적 관점에서 이야기해 보자.

현재 출판계는 인문학이 대세이다. 인문학을 타이틀로 내세운 책들이 잘 팔린다. 너도나도 인문학을 공부하라고 한다. 그런데 이 인문학을 주장하는 뒷면에는 모두 같은 논리가 있다. 바로 인문학으로 당신이 성공할 수 있다는 관점이다.

인문학은 사람과 관련된 학문이다. 세부적으로 철학, 역사, 문학 등이 있다. 그런데 이 인문학은 사람과 관련된 학문을 총칭하지만, 사람이 쉽게 접근할 수 없는 특징이 있다. 철학에 관한 이야기는 왜 이런 이야기를 하는지 모르겠고, 역사에 관한 이야기는 이것이 나에게 어떤 영향을 미칠지 상상하기 힘들다. 그러다 보니 누군가가 필요하다. 철학을 떠먹여 주고 역사를 귓가에 속삭여 줄 사람 말이다. 인문학의 어려움과 대중의 욕망을 연결해야 했고, 그것을 작가들이 시도한 것이다.

사실 어려운 인문학을 설명하는 책들은 항상 있었다. 우리가 알고 있는 소크라테스, 플라톤, 칸트, 서양전쟁사, 세계혁명사 등이 그것이다. 그런데 과거에는 지금처럼 모든 사람이 인문학과 연결해서 세상을 바라보려고 하지 않았다. 인문학만이 세상을 변화시킬 수 있다는 이야기 역시 존재하지 않았다. 전문가들이 펴내는 책만으로 충분히 인문학을 누릴 수 있었다.

그럼 언제부터 이런 현실이 되었을까? 개인적 고백으로부터 이야기를 시작해 보겠다. 사실 나는 인문학이 세상을 바꾸어 주는 등불이 되리라 생각했다. 그렇게 생각한 이유에는 한 권의 책이 있었는데, 바로 얼 쇼리스가 쓴 《희망의 인문학》을 읽고부터였다. 그 책은 미국에서 노숙자들을 상대로 대학교 수준의 인문학을 가르쳤더니 변화가 일어났다는 내용이다. 한국에서도 그 책의 관심은 높았고, 많은 신문에서 인문학의 중요성을 전파하기 시작했다.

그렇게 시작된 인문학 열풍은 한국인의 성공지향점과 맞물리기 시작했다. 기존의 자기계발서 작가들은 조금 더 논리적으로 사람들에게 성공을 꿈꿀 수 있게 하고 싶었는데, 인문학이 충분한 논리적 근거를 선사했던 것이다. 《리딩으로 리딩하라》가 대표적인 그런 책이다.

인문학이라는 추상적 학문이 점점 한국에서 지평을 넓혀 가기 시작했다. 그 추상성이 사람들에게 더 큰 매력으로 다가갔고, 이해의 어려움은 달콤한 열매를 얻기 전 필요한 고통처럼 느껴졌다. 대한민국에서 인문학은 그렇게 정체성을 확립했다.

그러면 정말 인문학이 우리의 인생을 바꾸어 줄 수 있을까? 아니다. 노숙자들이 인문학을 배우고 인생이 바뀌었다면, 그것은 자신의 인생에 대해서 생각해 볼 기회를 얻었기 때문이다. 이 땅에는 인문학을 배우고도 인생이 바뀌지 않은 사람이 수없이 많다. 중요한 것은 자신의 삶에 대한 고민이지 인문학을 배운다는 사실이 아니다.

인문학을 제목으로 내 건 책들은 역사적 사실, 철학적 관념에서 인생의 교훈을 주려고 한다. 그런데 우리는 과거를 살지 않는다. 우리가 사는 사회에서 변화를 이루어야 하는 것이 현재 우리의 운명이다. 성공도 지금 우리 사회의 경제 시스템에서 이루어야 하고, 지위도 대한민국 사회에서 높여야 한다. 우리 인생의 변화는 우리 사회와 그 사회 속에서 살고 있는 우리 자신을 모두 알아야 가능하다. 인간이 살고 있는 환경을 모르고 자신만 변한다고 인생이 변할 수는 없다. 조선시대의 천민이 과거급제를 통해 성공을 꿈꾼다면 어떤 조언을 해 줄 수 있겠는가? 우리에게 인문학은 그 천민의 과거급제와 같은 건 아닌지 생각해 볼 필요가 있다.

책을 읽으면 바뀌는 것

완전히 빠져드는 책

●

나는 스포츠 머리에 땀 냄새 나는 교복을 입고 남자들만 다니는 중학교에 다녔다. 지금은 남녀공학이 대부분이지만 1990년대 초만 해도 남중과 여중이 압도적으로 많은 시기였다.

남중의 특징이라 한다면, 뭐랄까…… 무언가 삭막하다. 당시는 지금과 달리 선생님들의 교권이 무척 강했다. 대부분이 독재자인데다가 각자가 선호하는 방식으로 무장을 했는데, 특히 우리 학교에는 아이스하키부가 있었다. 사실 중학교 입학 전에는 알지 못했다. 학교에 아이스하키부가 있으면 선생님들이 아이스하키 스틱으로 무장하게 된다는 것을.

남자만 있는 집단에서는 여자에 대한 환상이 있다. 군대에 가면 아이돌 걸그룹을 보고 환호성을 지르는 '부처'님도 볼 수 있을지 모른다. 남중도 비슷하다. 지금이야 아이들이 학원도 많이 다니고 하지만 당시에는 여학생과 같은 교실에서 수업하는 모습은 상상할 수조차 없었다. 몇 달 전 초등학교 때만 해도 여자 아이들과 같이 다녔으면서 말이다.

나 역시 그랬다. 여자 친구를 사귀어보지 않았다. 아니, 못했다. 하지만 호기심은 왕성했다. 인터넷이 없던 시기였으니 성(性)교육은 대부분 친구를 통해서 이루어졌다. 그러한 환경에서는 여자를 동등한 인격체로 볼 수가 없다. 게다가 무지에서 오는 편견과 함께 남성우월주의에 빠질 위험도 크다. 여자에 대해 잘 모르는 상태에서 쾌락을 위해 필요한 존재라고만 인식하게 된다.

대한민국에는 그때부터, 아니 그 이전부터 지금까지 변하지 않는 게 하나 있다. 아들이 중학교에 입학하면 아버지와 대화가 없어진다는 점이다. 나도 마찬가지였다. 지금은 내가 아버지 잔소리 담당이지만 중학생인 나는 아버지와 별로 할 말이 없었다.

중학교 2학년 생일쯤이었던가? 아버지가 선물을 사 오셨다. 딱히 갖고 싶은 게 없어서 그랬는지 큰 기대는 하지 않았다. 아버지 손에는 책 두 권이 들려 있었는데, 한 권은 기억에 없다. 그리고 다른 한 권의 표지에는 제목이 한문으로 쓰여 있던 것이 기억난다. 물론 난 그 한문을 읽을 수 없었다. 살짝 펼쳐 본 바 책 속의 글씨까지 작아서 그런지 엄청 지루하게 느껴졌고, 탈락한 서류마냥 자연스럽게 바로 책상 서랍 속으로 들어가고 말았다. 그렇게 그 책은 잊혀졌다.

고등학교에 입학했다. 운명의 굴레를 어찌 쉽게 벗어던질 수 있겠는가. 역시 남자고등학교였다. 또다시 권위적인 선생님들의 학생으로 살아야 했다. 그나마 다행인 점은 아이스하키부가 없다는 것뿐 여전히 일상은 지루함의 연속이었다. 농구를 하는 정도가 잠시 지루함과 떨어져 있는 시간이었다. 그때만 해도 세상 모든 것에 장단점이 있다는 사실을 몰랐다. 내가 그토록 지겨워했던 지루함이 나에게 새로움을 줄 수 있다는 것을 말이다.

지루함 때문이었을까, 청소하라는 엄마의 성화 때문이었을까? 후다닥 책상서랍을 열었다. 혹시 잊고 있던 천 원짜리라도 하나 나온다면 대박이었다. 그런데 천 원짜리 대신 눈에 들어온 건 어두컴컴한 서랍 속에서 3년 동안이나 투옥 중이던 한 권의 책이었다.

까맣게 잊고 있었다. 3년 전 잠시 스쳐 보냈다가 다시 보니 반가웠다. 그때는 인사도 제대로 못했는데 말이다. 인사도 할 겸 책장을 넘겼다. 정말 읽을 생각은 없었다. 그냥 무심히 넘겨 보았다. 열 페이지 정도 보다가 잘 생각이었다. 그때가 이미 밤 열한 시였다.

세상 일이 생각대로 되던가? 늘 그렇듯 그날도 내 마음대로 흘러가지 않았다. 열 페이지라는 목표는 벌써 지워져 버렸다. 책의 쪽수를 세는 것도 이미 의미가 없어진 지 오래였다. 새벽 두 시가 넘었지만 잠은 오지 않았다. 나는 완전히 빠져들고 말았다. 왜 그리 슬픈지 눈물도 서너 번은 흘렸다. 주인공들의 불안한 미래를 암시할 때마다 가슴이 덜컥 내려앉았다. 그런 흥분상태에서의 책읽기는 새벽 네 시가 다 되어서야 끝났다. 믿을 수가 없었다. 책이 이렇게 재미있다는 것을! 책에 대한 관념을 한 번에 무너지게 만든 경험이었다. 그 책은 심훈의《상록수》였다.

그 후로 나는 사랑이라는 감정에 대해 고민하기 시작했다. 내면에 있던 남성우월주의는 사라지고 여자는 존중받아야 하는 존재라는 점을 깨달았다. 그런 존재를 사랑하는 일이니 존중은 당연한 것이었다. 그리고 사랑은 마땅히 존중받아야 할 존재끼리 나누는 감정이라는 점도 알게 되었다.

친구들끼리 알음알음 알아가며 이야기하던 사랑은 쾌락이 전부였다. 하지만 쾌락은 사랑하는 과정에서 얻어지는 달콤한 과일일 뿐이지 사랑의 목적이 아니었다. 또한 사랑에는 희생이 따른다는 것도 알게 되었다. 사랑의 과정에서는 나의 마음을 나누어 주고, 시간을 나누어 주고, 내 인생을 나누어 주게 된다. 그 과정에서 희생이 동반될 뿐이다. 단지 그뿐이다. 물론 희생이 사랑을 증명하지 않으며, 희생해야 사랑하는 것도 아니다. 희생은 사랑하는 사람을 향해 달려가면서 맞게 되는 맞바람일 뿐이다.

《상록수》는 내 인생에서 사랑을 알게 해 준 선생님이었다.

의심을 시작하라

•

미국에는 유일무이한 4선 대통령이 있다. 바로 프랭클린 루스벨트(Franklin Delano Roosevelt). 그가 미국 역사에 남는 대통령이 된 이유는 뉴딜정책 때문이다. 그의 집권 당시 미국은 사상 최악의 대공황에 빠졌다. 뉴욕 센트럴 파크는 노숙자들로 발 디딜 틈이 없었다. 제품은 넘쳐났고 일자리 구하기는 하늘의 별 따기였다. 미국의 미래는 더 이상 없을 것처럼 암울하게만 보였다. 2005년에 개봉한 러셀 크로 주연의 영화 〈신데렐라 맨〉은 당시의 뉴욕을 적나라하게 보여 준다.

이때 영국에는 세계 경제위기를 극복할 수 있다며 자신감을 보이는, 190센티미터가 넘는 키 큰 경제학자가 있었다. 바로 존 메이너드 케인스(John Maynard Keynes)였다. 그는 《고용, 이자, 화폐의 일반이론》이라는 책을 썼다. 거기에는 많은 수학공식이 들어 있었지만 말하고자 하는 주제는 간단했다. 정부가 돈을 풀어서 공공사업에 투자하고 일자리를 창출해야 된다는 것.

당시까지만 해도 자유시장주의가 대세였다. 정부의 개입은 시장 생태계를 망치는 지름길처럼 치부되었다. 하지만 루스벨트는 그 키 큰 경제학자를 선택했다. 케인스의 《고용, 이자, 화폐의 일반이론》은 뉴딜정책의 브레인 역할을 했고 결과는 성공적이었다. 실업률은 줄고 성장률은 회복되었다. 물론 이 같은 상황이 오랫동안 지속되지는 못했지만, 케인스의 책 한 권이 세상을 바꾸는 데 기여한 것만큼은 사실이다.

우리는 지금 책을 읽는 법에 대해 이야기하고 있다. 케인스와 뉴딜정책 같은 위대한 이야기를 하려는 게 아니다. 독서는 온전히 개인적이다. 개인에만 영향을 미치는 독서가 세상을 바꿀 수는 없다. 독서는 오직 책을 읽은 나를 바꿀 수 있을 뿐이다. 그런데 신기하다. 분명 내가 바뀌었는데 세상이 바뀐 것처럼 보인다. 이것이 바로 '한 권의 책이 세상을 바꾼다.'는 의미이다.

우리 집은 내가 태어났을 때부터 대학교에 입학하기 전까지 보수 언론의 대명사인 '조선일보' 하나의 신문만을 보았다. 고등학교 때 선생님이 신문 사설을 읽고 요약하라는 숙제를 내주면서 조선일보와 동아일보를 추천했다. 숙제는 신선했다. 교과서에서 벗어나 배움을 찾는 과정이라 흥미도 생겼다. 당시만 해도 신문에는 한자가 많았다. 옥편을 뒤져 가면서 단어 하나하나를 이해해야 기사의 내용을 이해할 수 있었다. 당시에는 그런 과정이 나에게 무슨 의미가 있는지 알 수 없었다. 시간이 지나고 나서야 그것이 나로 하여금 하나의 정의를 선택하게 하는 과정이었다는 것을 알았다.

대학교 1학년 때였다. 2학기가 되어 친구 추천으로 듣게 된 교양과목이 있었다. 과목명이 분명치는 않으나 내 기억으론 '매스미디어와 신문 읽기'였던 것 같다. 친구는 "이 수업을 들으니 한겨레신문이 훌륭한 신문처럼 보인다."고 했다. 그런데 나에게 한겨레신문은 나쁜 신문이고 불순한 사람들이 보는 신문일 뿐이었다. 하지만 그 친구가 불순분자나 간첩으로 보이지는 않았고 학점도 잘 준다니 기꺼운 마음으로 선택해서 들었다.

첫 수업시간에 교수님은 우리에게 책을 하나 추천했다. 서울대 출판부에서 펴낸 책이었는데, 불행히도 제목이 기억나지 않는다. 책은 우리 현대사에서 일어난 여러 역사적 사건에 대해 신문들이 어떻게 보도했는지 자료를 제시하면서 보여 주었다. 충격적이었다. 특히 5.18 광주 민주화 운동을 신문들이 어떻게 보도했는지 자세히 보여 주었다.

진실은 이랬다. 1980년 5월, 광주에서는 군사독재의 횡포에 저항하며 민주화를 외치다가 무고한 시민 수천 명이 죽거나 다쳤다. 집으로 귀가하는 평범한 여학생을 군인들이 총으로 쏴서 죽이기도 했고 임산부를 죽이기도 했다. 그들은 아무 죄도 없었다. 그런데 광주 밖에 사는 사람들이 알고 있는 진실은 달랐다. 그 여학생이나 임산부는 간첩이었고 폭도였다. 광주가 아닌 다른 곳의 사람들에게 그들은 죽어도 괜찮은 이들이었다.

나는 그동안 객체였다. 단 한 번도 주체적으로 생각해 본 적이 없었다. 의심하지도 않았고, 할 필요성도 못 느끼며 살았다. 남들이 좋다는 목표를 향해 믿고 도전했을 뿐. 순진함이 죄라면 죄랄까 사회는 단순하지 않았다. '어느 누구'를 이용해 자신의 배를 채우는 사람들이 사는 곳에서 나는 그 '누구'에 해당하는 인간이었다.

그 일 후에 진실을 찾는 방법에 눈을 떴다고나 할까? 의심을 하기 시작했다. 내가 아는 모든 것이 전부가 아닐 수 있다는 생각을 했다. 심지어 내 생각조차 내 것인지 의심스러웠다. 돌아보니 내가 갖고 있는 생각 중에 스스로 판단해서 갖게 된 생각은 별로 없었다. 대부분 남들이 만든 생각이었고 의심 없이 받아들인 생각뿐이었다. 책 한 권이 그렇게 세상을 변하게 만들었다.

어제 같은 오늘에서 벗어나기

●

독서로 성공했다는 말은 거짓이다. 심지어 베스트셀러 작가도 글을 쓰고 책이 많이 팔려 성공한 것이지 책만 읽어서는 그렇게 될 수 없다. 독서와 글쓰기 실력이 같을 수는 없지 않은가. 어떤 분야에서든 성공하려면 독서 후에 다른 노력이 필요하다.

인생은 어떻게 바뀌는가? 성공하는 법이 아닌 인생이 바뀌는 부분에 대해 이야기해 보자. 혹시 당신은 인생이 한방에 바뀐다고 믿는가? 로또 당첨 또는 재벌과의 결혼? 정말 그걸 믿으며 자신에게도 그런 일이 일어날 수 있다고 믿는가? 현실은 그렇게 만만치 않다. 드라마에서 말고 그런 인생 역전은 찾아보기 힘들다. 게다가 로또는 이제 드라마에서조차 인생 역전의 소재로 사용하지 않는다. 로또 당첨금만으로 인생이 역전되기에는 한국의 집값이나 물가가 너무 비싸다. 또 로또에 당첨됐다고 해서 역전이 이루어지는 것도 아니다. 미국의 한 통계를 보면 로또 1등 당첨자의 70%가 파산 신청을 했다고 한다. 우리나라에서도 얼마 전 로또 당첨금 242억 원을 5년 만에 다 탕진하고 사기사건의 피의자가 된 사례가 뉴스에 나온 적이 있다.

그런 방법이 통하지 않는 세상에서 인생은 내가 바뀌어야 달라진다. 단순하다. 어제와 똑같은 오늘을 살면 나는 똑같은 내일을 살 수밖에 없다. 그런 날들이 반복되면 어제와 오늘과 내일이 똑같은 인생을 살게 된다. 다르게 살기 위해서는 차이를 만들어야 한다. 그렇다면 어떻게 차이를 만들 수 있을까?

내가 보내는 '하루'는 나의 행동으로 이루어진다. 내 행동이 변화하지 않는다면 나는 어제와 다른 하루를 보낼 수 없다. 열쇠는 내가 나의 행동을 어떻게 변화시키는가에 있다. 다시 연결고리를 찾아보자. 내 행동은 무엇으로 변화가 가능한지.

어쩌면 누구나 답을 알 수 있다. 어렵지 않다. 그 답은 바로 내 '생각'이니까! 내가 어제와 똑같은 생각을 한다면 나는 어제와 일란성 쌍둥이인 오늘을 보게 된다. 한겨레신문이 '나쁜 신문'이라고 믿는 나는 절대 오늘 그 신문을 보지 않는다. 《상록수》를 읽기 전의 나는 여전히 남성우월주의에 빠진 채로 여성을 바라볼 뿐이다.

우리는 우리가 어떻게 생각하는지에 따라 행동한다. 그 행동이 바뀌어야 인생이 바뀐다. 독서가 우리의 생각을 바꾼다면 우리는 다르게 행동하게 되고, 그 다른 행동이 인생을 바꾸게 된다. 시작을 확실히 기억하자. 인생의 변화는 우리의 '생각'으로부터라는 사실을!

지식의 습득 또는 간접경험으로 끝?

•

책에 대한 욕심이 있었다. 옆집 사는 지영이가 유치원에서 책을 선물 받았다고 했을 때 질투가 났다. 너무 부러웠다. 나도 그 유치원에 다니게 해 달라고 엄마한테 졸랐다. 하지만 그럴 수 없었다. 난 여섯 살이었으니까.

학교에 입학하고 나니 많은 책이 생겼다. '오 이게 웬 떡?' 하는 생각이 들었다. 그래서였을까? 난 항상 모든 교과서를 책가방에 다 넣고 다녔다. 아마 머릿속에 시간표란 개념이 없다 보니 그랬겠지만 책을 좋아했기 때문이라고 믿고 싶다.

중학교 3학년쯤 되었을 거다. 선생님이 수업시간에 책을 읽으라고 말씀하셨다. 책을 읽으면 똑똑해진다면서……. 물론 그 말에 영혼은 없어 보였다. 선생님은 우리의 표정을 읽었는지 부연설명을 시작했다.

"인간은 살면서 경험을 한다. 하지만 모든 것을 다 직접 경험할 수는 없지. 그래서 독서가 존재하는 거야. 왜? 독서는 간접경험을 하게 해 주니까."

근대 정치철학의 토대를 마련했다고 평가받는 《리바이어던》이라는 책이 있다. 영국의 정치철학자 토머스 홉스(Thomas Hobbes)가 썼다. 홉스는 그 책에서 최초로 사회계약론을 주장했다. 사회계약론이 무엇인가? 국가 권력의 근원에 대한 이야기이다. 왜 우리는 한국인이어야 하나? 대한민국이라는 국가는 왜 존재해야 하는가? 이런 질문에 대한 대답이 사회계약론에서 시작된다.

　홉스의 설명을 보자. 대한민국이라는 국가가 있기 전, 정확히는 국가가 존재하기 전 원시시대 세상은 야만의 삶이었다. 누군가를 죽고 죽이는 그런 약탈의 사회였다. 사람들은 언제 누가 나와 우리 가족을 해치고 내가 가진 것을 빼앗아갈지 몰라 두려웠다. 모두들 그런 상태를 벗어나고 싶었다. 방법은 단순했다. 외부의 적을 물리치기 위해서는 뭉쳐야 한다. "뭉치면 살고 흩어지면 죽는다."라는 말처럼! 이렇게 끼리끼리 뭉치는 과정에서 정치는 시작된다. 각자의 생각이 다르고 이익도 다르다. 이를 통일시키는 과정은 쉽지 않다. 자기의 의견만을 고집하다가는 외부의 적으로부터 보호받지 못한다. 그래서 누군가를 필요로 한다. 의사(意思)를 하나로 통일하고 집행할 사람. 바로 권력이 탄생하는 순간이다.

　홉스는 국가 정치권력의 탄생을 사회계약론에 입각해 해석했다. 그러면서 인간이 사회계약을 맺게 되는 전제로 '자연은 만인의 만인에 대한 투쟁 상태'임을 주장했다. 그런데 과연 국가가 탄생하기 전에만 그럴까? 아니다. 만인의 만인에 대한 투쟁은 지금도 우리 앞에 펼쳐져 있다. 수많은 경쟁이 수반되는 사회에서 만인끼리의 혈투는 엄연히 존재한다. 홉스가 말한 자연은 지금 우리에게는 현실 사회가 되었다. 그렇다면 왜 서로 투쟁을 할까? 그것은 과거와 비슷하다. 각자의 이익이 다르기 때문이다. 과거에는 자연이 그랬고 지금은 사회가 그렇다. 개인의 이익은 인간의 외모만큼이나 각자 다를 수밖에 없다.

독서의 목적 또한 마찬가지다. 개인의 이익만큼 다양하다. 어릴 적 교과서는 그런 다양한 이익을 일반화시켰다. 그러다 보니 지식의 습득이니 간접경험의 추구니 하는 말이 나왔다. 하지만 그것만으로는 충분치 않다. 지식의 습득이나 간접경험의 추구는 표면적인 목적일 뿐이다. 수박이라는 과일을 녹색이라고 할지 빨간색이라고 할지 고민해 보았는가? 어릴 적 교과서에서는 수박을 녹색이라고만 가르친 것이다.

이제는 Why가 필요하다

·

《나는 왜 이 일을 하는가(Start with Why)》의 저자 사이먼 사이넥은 강조한다. 보통사람들과 성공한 리더의 차이는 '왜'라는 질문을 하느냐 마느냐의 차이라고.

그는 보통사람들은 어떤 일을 할 때 '무엇을'에서 '어떻게'로 생각하고, 마지막에 '왜'를 고민한다고 한다. 예를 들면, 사업으로 부자가 되고 싶은 보통사람은 '돈'이라는 'What'을 생각하고, 그 다음에 '사업', 즉 돈을 버는 'How'를 생각한다는 것이다. 그러나 왜 돈을 버는지에 대한 'Why'라는 질문은 하지 않는다고 한다. 그에 반해 성공한 리더들은 'Why'에서 시작하여 'How'를 고민하고 'What'을 생각한다고 한다. 왜 돈을 벌어야 되는지 이유를 생각하고 어떻게 벌지 고민한 다음에 돈을 번다는 것이다.

이와 관련해서는 애플의 광고가 대표적이다. 성공한 기업의 대표적인 사고방식은 그들의 광고를 보면 나타난다. 보통 일반 컴퓨터 회사는 이렇게 말한다.

> "저희는 컴퓨터를 만듭니다.(What)
> 저희 컴퓨터는 성능과 디자인이 뛰어납니다.(How)
> 그러니 저희 컴퓨터를 구입해 주세요."

하지만 애플은 달랐다.

> "저희가 하는 모든 것은 세상을 변화시킬 것입니다.(Why)
> 그래서 저희는 성능, 디자인 등 모든 것이 남들과 다르고 뛰어납니다.(How)
> 결국 완벽한 컴퓨터를 만들었습니다.(What)"

사이먼 사이넥은 이것이 성공한 리더와 보통사람들의 차이라고 말한다. 위대한 리더들은 'Why'부터 이야기하며, 성공은 당신이 하는 일(What)과 계획(How)이 아니라 당신이 믿는 신념(Why)에 달려 있다고 한다.

이 이야기는 매력적이다. 실제로도 그는 자신의 책으로 큰 성공을 거두고 있다. 그가 하는 이야기의 핵심은 간단하다. '어떤 일을 할 때 철학을 갖고 하는 것과 그렇지 않은 것은 다르다!' 이는 매우 중요하다. 사람은 환경에 영향을 받고 자극에 민감하다. 온갖 마케팅 기법이 사람들의 그런 흔들림을 놓치지 않는다.

생각해 보자. 《무소유》로 유명한 법정 스님에게 고기를 먹게 할 수 있을까? 불가능해 보인다. 실제로 폐암으로 체력이 떨어졌을 때 동물성 단백질 섭취를 위해 고기를 드시라는 권유를 받았지만 거절했다고 한다. 그 이유는 종교인의 일종의 신념이자 자신의 철학에 위배되는 행동이기 때문이었으리라. 또 하나의 예를 들어보자. 대학교 때 알게 된 친구 이야기이다. 그는 소와 돼지의 도살 장면을 보고 나서 채식주의자가 되었다. 고기 종류를 절대 먹지 않는 것은 물론 심지어는 달걀조차 안 먹는다. 아무리 맛있는 고기를 내놓아도 쳐다보지도 않는다. 이미 이유가 있어 가능한 행동이다. 구체적인 동기는 다르지만 두 사람 다 고기를 먹지 않는다. 여기서 중요한 건 뭘까? 둘 다 고기를 먹지 않는다는 사실일까? 아니다. 그들이 '왜 그렇게 행동하는가?'이다.

혹시 우리가 무슨 이야기를 하고 있었는지 기억하는가? 맞다. 우리는 독서의 목적에 관해 이야기하고 있다. 그리고 위 이론에 따르면 독서법은 'How'에 해당한다. '책을 어떻게 읽는가?'가 독서법이다. 하지만 우리에겐 'Why'도 필요하다. 목적 없는 행동에는 효과가 있을 수 없다. 중학교 때, 아니 초등학교 때부터 영어를 배우지만 대학을 졸업할 때까지도 능숙하게 영어를 하지 못한다. 그런데 유학만 가면 얼마 지나지 않아 다들 잘한다. 왜 그럴까? 비슷하다. 목적을 갖고 하는 행동은 효과가 다르기 때문이다. 독서의 목적은 바로 그 'Why'를 갖는 것이다. 성공한 리더들이 목적을 갖고 행동하듯 말이다.

아무 생각 안 드는 책읽기
·

만약 어떤 이가 책을 많이 읽었다고 하면 우리는 기대한다. 그는 아는 것도 많고 말도 잘할 것이라고. 그런데 기대는 기대일 뿐일까? 그렇지 않은 경우를 종종 보게 된다. 여기서 우리는 두 가지로 추측을 한다. 한 가지는 그 사람이 책을 많이 읽지 않았다고 생각한다. '많은 책을 읽었다는데 어쩜 저렇게 티가 안 날까?' 의심하면서……. 또 다른 한 가지는 '책을 많이 읽는다고 해서 아는 것이 많다거나 말을 잘하는 건 아니구나.'라고 생각하는 것이다.

잠시 조선시대로 돌아가 보자. 임진왜란을 떠올리면 금방 생각나는 인물이 하나 있다. 바로 이순신 장군이다. 하지만 임진왜란이라는 역경을 극복해 낸 조선을 그 분 하나만으로 설명하기에는 뭔가 부족하다. 앞에서 적군과 싸우는 장수가 있다면 뒤에서 병사를 모으고 물자를 지원하는 사람도 있어야 하기 때문이다. 사실 이순신은 당시 왕인 선조에게 미움을 받았다. 원인은 모르겠으나 선조는 이순신을 수도 없이 의심했다. '백의종군'도 선조의 미움이 만들어 낸 결과였다.

선조의 그 같은 흔들기에도 이순신 편은 있었다. 바로 서애 유성룡(柳成龍)이다. 유성룡은 조선이 배출한 대학자로 신동 소리 들으며 어린 시절을 보냈고, 유년기에는 퇴계 이황의 제자가 되어 성장했다. 퇴계 이황은 제자를 칭찬한 적이 없다고 한다. 그런데 유성룡만큼은 "마치 빠른 수레가 길에 나선 듯하니 매우 가상하다."라며 칭찬을 아끼지 않았다고 하니 유성룡이 어떤 기재(奇才)였는지 짐작할 만하다. 그는 과거급제도 순탄하고 빨랐으며, 외교관으로 명나라에 가서 이름을 날리기도 했다. 다음은 그런 유성룡이 쓴 책에 들어 있는 말이다.

"어떤 사람이 입으로는 다섯 대 수레의 책을 외지만, 그 뜻을 물으니 멍하니 알지 못하는 이유는 다름이 아니라 생각하지 않았기 때문이다."–유성룡, 《서애집(西厓集)》

윗글로 추측컨대, 유성룡도 소문에 책을 많이 읽었다는 사람을 만났던 모양이다. 그리고 그에게 이것저것 물어보니 독서한 티가 전혀 나지 않았던 것 같다. 우리는 아까 이런 장면에서 대개 사람을 의심하거나 독서의 효과를 의심했다. 하지만 유성룡은 달랐다. 그는 원인을 '생각'에서 찾았다.

위에서 독서의 목적은 'Why'를 갖는 것이라고 했다. 이 뜻은 자신의 행동에 '이유'를 갖고 도전해야 목표에 도달할 수 있는데, 그 '이유'는 독서를 통해 확립해야 한다는 말이다. 그렇다면 여기서 '이유'란 무엇일까? 바로 철학이고 생각이다. 유성룡의 말도 그와 같다. 독서 후에 아무 생각이 안 든다면 독서를 제대로 한 게 아니다. 어떤 이가 미술에 관한 책을 읽고 그림과 화가들의 이름만 외웠다면 그게 무슨 소용인가? 또 현대사 책을 읽고 사건의 연도만 줄줄 뀐다면 그걸 어디에 쓴단 말인가? 모름지기 미술에 관한 책을 읽고는 그림에 관한 식견을 가져야 한다. 현대사 책을 읽고는 사건의 의미와 역사에 관해 논할 수 있어야 한다.

독서무용론을 주장하는 사람을 보았다. 요즘 같은 시대에 책을 읽어 뭐하냐고 말한다. 책은 느리고 인터넷은 빠른 시대이다. 인터넷을 통해서도 수많은 정보를 알 수 있는 이때에 독서는 시간낭비라는 것이다. 어떤가? 이런 논리에 솔깃해지는가? 하지만 이는 독서의 목적을 모르는 사람이 용기 있게 할 수 있는 말임을 알아야 한다.

독서는 작가의 논리와 생각을 마주하는 일이다. 당연히 책의 내용과 나의 생각을 비교해 보고 따져 보아야 한다. 그 과정에서 나도 새로운 생각을 갖거나 기존의 생각을 바꾸게 된다. 생각이 변하면 무엇이 변한다고? 맞다. 인생이 변할 수 있다. 우리가 책을 읽는 이유이다. 생각을 변화시키는 것! 그렇다면 이제 문제는 '어떻게 읽어야 생각을 변화시킬 수 있는가?'이다.

2장

무엇을 바꿔야 하는가?

판사처럼 생각하기

약자를 희생양으로 삼은 사람들

종교는 인간의 역사에서 언제나 중요했다. 지금도 대한민국 인구의 40퍼센트 이상이 종교를 갖고 있다. 삶에 지친 사람들에게 종교는 바람막이 아닌가. 그러한 측면에서 본다면 종교는 분명 인간에게 긍정적인 역할을 했다. 하지만 전체 인류의 역사를 돌아보면 그렇지 않은 때가 종종 있었다.

그중 대표적인 사건이 마녀사냥이다. 이는 실제 존재했던 사건으로서 15세기 유럽에서 시작되어 16세기와 17세기에 본격적으로 유행했다. 종교재판관이 어떤 여자를 마녀라고 의심하는 순간 마녀재판은 시작된다.

당시 고문은 합법적인 죄의 추궁 수단이었다. 지목된 여인들은 혹독한 고문을 이겨내지 못하고 스스로 마녀라고 자백했다. 자백의 결과는 당연히 화형이었다. 그로 인해 수많은 사람들이 죽었다. 특히 힘없고 병들고 남편을 잃은 여인들에게 종교의 칼날이 집중되었다. 때로는 여덟 살에서 열두 살 사이의 아이들도 있었다. 바루다세르 후스라는 마녀재판관은 19년간 7백 명을 화형시켰고, 니콜라스 레미라는 사람은 15년간 9백 명을 화형시켰다고 한다.

마녀사냥은 종교개혁 등으로 인해 가톨릭 사회가 불안정해지면서 나타났다. 가톨릭은 이교도들의 싹을 미리 잘라 버리고 싶었을 것이다. 게다가 종교전쟁, 30년전쟁 등으로 사회는 더욱 혼란스러웠다. 사회가 불안해지면 사람들은 분노의 대상을 찾기 마련이다. 그리고 그 대상은 보통 그 사회의 가장 약자가 된다.

그렇다면 마녀사냥의 문제점은 무엇일까? 왜 힘없고 나약한 여자들만 마녀라는 이름으로 죽임을 당해야만 했을까?

우선 마녀사냥은 그 사회의 지배계급이 행한 범죄이다. 당시 유럽에서는 가톨릭의 권위가 왕과 대등했다. 누구도 신의 이름으로 하는 행동을 비판할 수 없었다. 비판하고 싶었지만 하지 못한 게 아니라 아예 비판할 생각을 갖지 않았다. 가톨릭은 그 시대의 정의였고 권위였고 법이었으니까. 때문에 마녀재판관이 누군가를 마녀로 의심하기 시작하는 순간 사람들은 그 말을 전적으로 믿어야만 했다. 그 사회의 지식인이자 가장 권위 있는 사람의 의심이니 비판하기보다는 믿는 것이 합리적이었다. 게다가 마녀라는 여자의 얼굴을 보면 충분히 의심할 만도 했다. 대부분 병들어 음침한 얼굴을 한데다가 남편도 이미 죽고 없는 상태였다. 다른 이들의 눈에는 마녀라고 지목받은 여인이 처형당해야만 자신이 더 행복해질 것만 같았다. 사람들은 그렇게 지배계급의 범죄에 동조했고 침묵으로 응원했다.

내가 사로잡혀 있는 것으로부터의 탈출

●

반성할 줄 아는 존재라서 그랬을까? 마녀사냥은 인간의 이성이 발달하면서 사라져 갔다. 현대의 재판제도는 그와 같은 과거 반성의 산물이다. 이제 고문은 금지됐다. 증거가 나오기 전까지 피고인은 무죄로 추정된다. 피고인의 자백이 유일한 범죄의 증거일 때는 처벌할 수 없다. 또 형사재판에서는 변호인이 없으면 재판할 수 없다. 이는 피고인을 처벌하려는 검사와 약자인 피고인이 대등한 무기를 들고 싸울 수 있도록 하는 최소한의 법적 장치이다. 그 외에도 수많은 제도가 보완되었다.

이러한 제도들은 진실을 찾기 위한 과정이다. 형사소송법의 대원칙은 실체진실주의와 적법절차원칙이다. 실제 범인을 벌하는 것 못지 않게 그 과정도 적법해야 한다는 것이다. 마녀재판을 하려 해도 그 여자가 마녀인지 아닌지 실체적 진실을 밝히려면 증거가 있어야 한다. 하지만 중세 마녀사냥에서는 대부분 고문에 의한 자백이었다. 증거가 없었다. 바로 적법절차원칙에 위배되는 행위였다. 게다가 변호사도 없었다. 사회의 가장 약자인데다가 마녀라고 의심받는 위축된 상황에서 재판하고 처벌했다. 이제 그런 마녀사냥은 불가능하다. 여러 원칙과 제도를 통해 억울한 사람을 보호하면서 진범을 잡아 처벌하려고 노력한다.

마녀사냥? 재판제도? 과연 이런 것이 독서법과 무슨 관계가 있을까? 난 이러한 이야기가 책을 읽는 방법을 설명하기에 가장 좋은 예라고 생각한다. 생각해 보자. 독서의 목적이 무엇이었는가? 바로 'why', 즉 생각을 갖기 위함이다. 그럼 그 생각은 무엇을 통해서 갖게 되는가? 당연히 책이다.

책은 과거부터 지금까지 최고의 공신력을 유지해 왔다. 누군가의 말보다는 글이 훨씬 믿을 만하다. 몇 해 전 우연히 부동산 중개업소에 가게 되었을 때였다. 직원이 분양 중인 상가와 관련된 신문 스크랩을 보여 주었다. 물론 그건 신문기사 형식의 광고였다. 그는 자신의 말보다 글자가 더 신뢰를 준다는 사실을 알고 있었다. 비록 그것이 눈속임일지라도 말이다.

이처럼 사람들은 말보다 글을 신뢰한다. 책은 그런 글들의 모음이다. 당연히 최고의 공신력을 가질 수밖에 없다. 어떤 책에 나온 이야기라고 하면 사람들은 쉽게 의심하지 못한다.

어떤 여자가 마녀인지 아닌지 판단하려면 우리는 맨 먼저 권위에서 벗어나야 한다. 바로 종교재판관이 틀릴 수 있다는 사실, 내가 보고 있는 책이 거짓을 말할 수 있다는 사실을 인식해야 한다. 물론 그것만으로 진실을 알 수는 없다. 그러나 권위에 대한 탈출은 반드시 필요하다. 제대로 책을 읽는 방법은 권위의 탈출에서부터 시작되기 때문이다.

더불어 편견도 없애야 한다. 사람들이 마녀사냥에 동조하고 침묵으로 응원한 이유가 종교재판관의 권위 때문만은 아니었다. 그 여자가 마녀로 보였기 때문에 동조하고 응원한 것이다. 바로 편견이다. 병이 들고 남편이 없으니 분명 문제가 있는 여자라는 편견이 존재했던 것이다.

책도 마찬가지다. 우리는 책에 대해서도 편견을 갖고 있다. 《원숭이도 이해하는 자본론》에서 임승수 작가는 말한다. 마르크스의 《자본론》에 대해 사람들에게 물어보면, 대개 공산주의나 사회주의를 찬양하는 책이 아니냐면서 그런 책은 읽을 필요가 없다고 답한다는 것이다. 그런데 혹시 아는가? 마르크스의 《자본론》이 2009년 영국 BBC가 조사한 '이 시대 인류에게 최대의 영향력을 끼친 도서' 1위에 올랐다는 사실을!

권위에 대한 탈출과 편견을 없애야 책읽기를 시작할 수 있다. 이 말은 나에 대해서, 혹은 내 생각에 대해서 돌아보아야 한다는 뜻이다. 즉, 권위의 탈출이 타인의 생각에서 벗어나는 것이라면, 편견에서 벗어나는 것은 스스로가 만든 울타리를 넘어서는 것이다.

결과는 언제든 바뀔 수 있다

●

현대의 재판제도 과정에는 세 사람의 당사자가 있다. 범죄를 의심하는 검사, 범죄의 의심을 받는 피고인과 변호인, 그리고 그 의심을 판단하는 판사가 그들이다. 변호인은 피고인의 대리인이므로 같은 인물로 보아야 한다.

먼저 검사는 수사를 하고 피고인에게 죄가 있다고 주장한다. 이를 공소제기라고 하는데 바로 의심의 시작이다. 사실 이 의심은 검사만이 할 수 있다. 아무나 의심하게 한다면 정당성을 잃어버린 법에 의해 소크라테스가 그리스에서 처벌받았던 광경을 다시 목격하게 될 것이다.(그리스 시대에는 누구나 범죄를 저질렀다고 의심할 수 있었다.) 때문에 법적 지식을 갖춘 사람의 합리적 의심만이 허용된다. 그리고 이러한 의심에 변호인은 검사의 주장이 합리적이지 않다며 반론을 제기한다. 즉, 검사의 의심이 옳지 않다는 다른 의심을 보여 주는 것이다. 결국 최후의 판단은 판사가 한다. 검사와 변호인의 의심을 비교하고 누구의 말이 맞는지를 판단하게 된다.

책읽기의 과정도 똑같다. 독자는 재판을 하는 판사가 되어야 한다. 그냥 판사가 아닌 권위에 대한 탈출과 편견을 가지고 있지 않은 판사 말이다.

판사는 질문할 수 있다. 검사에게도 질문할 수 있고 변호인에게도 질문할 수도 있다. 그들이 하는 말들을 이해하고 근거가 있는지 질문할 수 있다. 그러한 과정을 재판에서 끊임없이 반복한다.

책읽기도 마찬가지로 먼저 책에서 말하는 작가의 주장과 근거를 알아야 한다. 그리고 의심해야 한다. 과연 저 주장이 타당한지, 그 주장을 뒷받침하는 근거가 옳은지 확인해야 한다. 그런 절차를 거친 후에만 판결을 해야 한다. 마치 판사처럼. 이런 과정을 거친 후에 내리는 판결만이 자신의 생각이 된다.

어떤 일이 있어도 재판은 끝내야 한다. '검사 말도 맞고 변호인 말도 맞다.'는 식의 결론은 안 된다. 이런 결론은 '책을 읽고 생각이 없어졌다.'라는 뜻과 같다. 재판은 3심제가 기본이다. 1심에서 내린 결론은 2심에서 바뀔 수 있다. 어떤 책을 읽고 내린 결론이 다음에 다른 책을 통해서 바뀔 수 있다. 두려워하지 말자. 대신에 최선을 다해 생각을 정리해야 한다.

독서의 목적은 '생각'을 갖는 것이다. 그 생각을 갖는 일은 제대로 된 책읽기로만 가능하다고 했다. 읽는 방법이 어렵다고 만날 어제와 같은 오늘을 살 것인가? 그럴 수는 없다. 물론 과정이 복잡해 보이는 건 사실이지만 어려운 건 아니다. 걱정할 필요가 없다.

인터넷에 접속해 쇼핑하는 과정을 보자. 나는 할머니나 할아버지에게 인터넷 쇼핑을 설명하면서 내가 하는 인터넷 쇼핑이 이렇게 힘들 수 있다는 걸 처음 알았다. 우선 인터넷에 접속하는 방식에 대한 설명에서부터 막힌다. 우리는 알지만 어르신들에게는 이해할 수 없는 개념이다. 대충 아이콘에 마우스를 대고 더블클릭한다고 설명한다. 그러고 나면 한숨 돌릴 틈도 없이 더 큰 문제에 빠진다. 한 사이트에서 다른 사이트로 이동하기 위해서는 도메인을 사용해야 하거나 포털에서 자판을 두드려 검색한 후 찾아 들어가야 하기 때문이다. 그 후로도 난관은 계속된다. 마음에 드는 물건을 구입하려면 결제를 해야 하고, 결제를 하려면 공인인증서를 이용해야 하고……. 이 단계까지 오면 '나의 설명이 이해될까?' 하는 회의감이 밀려온다. 그러나 우리는 다 안다. 누군가의 설명 없이도 한 번만 해보면 인터넷에서 쉽게 물건을 살 수 있다는 것을!

　여기서 말하는 책읽기가 그렇다. 한 번만 이해하고 해 보면 된다. 많은 위대한 인물들이 책은 그렇게 읽어야 한다고 이야기했다. 최근에는 노무현 대통령이 그랬고, 조선시대에는 정약용 선생이 그랬다. 서양으로 가면 노벨문학상을 수상한 수학자이자 철학자인 버트런드 러셀이 그랬고, 《자본론》을 쓴 마르크스가 그랬다.

삐딱하게 다가서기

사용해서는 안 되는 말

●

시간은 모든 것을 변하게 한다. 작가 시드니 셸던(Sidney Sheldon)은 자신의 소설 《영원한 것은 없다》에서 세상에 존재하는 모든 가치가 변할 수 있다고 이야기한다.

그렇다면 말은 어떤가? 우리가 쓰고 있는 말은 영원한가? 아니다. 당연히 변한다. 인터넷에 떠도는 수많은 낯선 말들이 이미 보여 주고 있지 않은가. 기성세대들은 자신들이 이해하지 못하는 SNS 언어를 보며 '언어의 오염'을 말한다. 언어의 오염은 과연 낯선 단어가 생겨나는 것을 가리키는 걸까?

'오염'이라는 단어는 가치판단을 함유하고 있는 글자이다. 정화는 깨끗해짐을, 오염은 더러워짐을 뜻하는데, 어느 누가 더러워진 것을 사랑하고 좋아할 수 있겠는가?

　인터넷 언어에 '오염'이라고 이름을 붙이는 행위는 이미 부정적인 가치판단을 내린 것과 같다. 새로 등장한 단어를 보고 오염되었다고 표현하면, 그 단어에 대해 '나쁘다'거나 '잘못됐다'는 꼬리표를 붙이는 것과 같다. 그런데 언어는 변한다. 변화하는 것에 대해 '나쁘다'거나 '잘못됐다'고 판단하는 건 기성세대의 고집과 아집을 보여 주는 증거일 뿐이다.

　'언어의 오염'이란 표현은 젊은 세대가 쓰는 새로운 언어에 대해 가치판단을 내릴 때 사용해서는 곤란하다. 낱말 자체가 부정적인 의미를 갖고 있을 때 사용해야 맞다. 우리가 일상에서 쓰는 '욕'은 그 말 자체에 이미 부정적인 감정을 표현하는 의미가 담긴 언어이다. 오염된 언어인 것이다. 하지만 '욕'이 아님에도 부정적인 가치판단을 갖고 있는 낱말이 있다. 분명 가치판단을 내릴 필요가 없는 낱말임에도 부정적인 느낌을 갖게 된다.

　'노동'이라는 낱말을 보자. 이는 국가가 인정한 오염된 낱말의 대표선수이다. 5월 1일은 달력에 무슨 날로 적혀 있는가? 맞다. '근로자의 날'이다. '노동자의 날'이나 '노동절'이 정확한 명칭임에도 우리는 그 말을 잘 쓰지 않는다. 그런데 아는가? '근로자'라는 말의 뜻이 아주 나쁘다는 사실을!

　우리가 국민학교라는 명칭을 초등학교로 바꾼 이유는 그것이 일제강점기 식민지배의 유산이었기 때문이다. '근로자(勤勞者)' 역시 마찬가지다. 똑같이 일본에서 시작된 이 '근로자'라는 낱말은 부지런히 일하는 사람이라는 뜻이다. 주체성 없이 자본가나 국가를 위해 일만 하는 사람을 의미한다. 이에 반해 '노동자(勞動者)'는 자신이 노동의 주인이다. 다만, 노동을 자본가에게 팔고 돈을 받을 뿐이다. 근로자가 자본가나 국가를 위해서 노동을 바쳐야 하는 사람을 뜻한다면 노동자라는 말에는 자신이 노동의 주인이라는 뜻이 담겨 있다.

그렇다면 일본은 왜 노동자가 아닌 '근로자'라는 말을 사용할까? 그들의 제국주의 정신과 관련이 있다. 제2차 세계대전의 주범 중 하나인 일본에서 국민들은 천황의 뜻을 받들어야만 했다. 무조건 열심히 일해서 전쟁을 준비하는 것만이 최선이었다. 전쟁 준비는 빠르고 효율적이어야 했고, 자본가와 노동자 사이의 임금협상 등으로 시간을 낭비해서는 안 되었다. 그러다 보니 노동자가 아닌 근로자가 필요했다. 반항하지 않고 군말 없이 일만 하는 사람들 말이다. 이처럼 '근로자'는 일본이 제국주의 시절 '복종하는 노동자'라는 뜻으로 사용한 낱말이다.

누가 언어를 오염시키는가? 대한한국 사회에서 언어를 가장 많이 오염시키는 집단은 정치인이다. 언어는 사회 속에서 자란다. 그 사회는 언제나 정치를 포함한다. 사람들의 다툼에서 정치가 탄생했듯 언어도 비슷한 환경에 처해 있다. 정치인들은 표를 얻기 위해 상대방을 정해 놓고 적으로 만든다. 왜 나쁜 놈인지 '설명'하면 안 된다. 감정적 판단만이 자신을 확실히 지지하게 만들기 때문이다. 그런 감정적인 판단에 근거한 지지를 끌어내기 위해서는 언어를 오염시켜야 한다. 바로 대한민국 사회에서 일어나는 언어 오염의 실태이다.

대한민국 국민은 1948년부터 1987년까지 독재를 경험했다. 사실 독재자들이 제일 두려워하는 것은 국민이다. 국민을 통제하지 못하면 독재는 혁명으로 마감된다. 1960년 4.19혁명이 그랬고 1987년 유월민주항쟁이 그랬다.

독재자들은 늘 북한이라는 대한민국의 적을 잘 이용했다. 독재가 정당했던 이유는 북한으로부터 국민을 지키기 위해서였다는 생각을 항상 국민에게 주입했기 때문이다. 그러기 위해서는 북한에서 주로 쓰는 낱말을 오염시켜야만 했다. 대표적인 게 바로 '노동'이다. 노동이라는 낱말이 공산주의를 연상시키는 면이 있으니 일본에서 쓰는 '근로자'라는 낱말을 가져온 것이다. 대한민국의 주체성 수준이 이 정도이다.

당연한 건 아무것도 없다
●

북한 이야기를 좀 더 해 보자. 우리는 북한을 어떤 국가로 알고 있는가? 공산주의? 사회주의? 아니면 단지 자본주의가 아닌 국가? 여러 가지가 떠오르지만 정확히 말하면 북한은 '독재국가'이다. 근대국가의 탄생 이후 유례없는 정권의 3대 세습을 이룬 독재국가. 여전히 그들의 시계는 조선시대에 멈추어 있다.

이 같은 북한에도 오염된 단어가 있다. 바로 '비판'이다. 북한에서 국가 서열 2위인 장성택이 처형되었다. 숙청이었다. 그의 숙청 과정을 보면 '자아비판'이라는 말이 나온다. 즉, 스스로 잘못한 점을 반성한다는 뜻이다. 북한에서는 그들의 정권을 비판할 수가 없다. 북한 인민들에게 정권을 비판하는 행위는 목숨을 내팽개치는 것이나 매한가지다. 그들에게 비판은 '잘못한 사람이 반성하는 행위' 아니면 '해서는 안 되는 일'이다. 부정적인 가치판단이 내려진 것이다.

대한민국도 북한과 관련된 많은 낱말들을 오염시켰다. 대부분의 이유는 북한을 적대시하기 위함이다. '공산주의'라는 낱말이 그렇고 '사회주의'라는 낱말이 그렇다. 이런 낱말의 학문적 연구조차 거의 금기시 될 정도였으니……. 그런데 북한과 비슷한 이유로 오염시킨 낱말이 있다. 바로 '비판'이다.

민주화 이전에는 우리도 그랬지만 북한은 지금도 여전히 독재국가이다. 이런 독재국가의 특징은 국민들이 현명해지는 것을 두려워한다. 독재자가 하는 말을 그대로 믿어야 한다. 자꾸 의심하고 판단하려 들면 독재를 할 수 없을 뿐만 아니라 독재자의 안전까지 위험해진다. 그래서 비판이라는 단어를 오염시킨다. 이는 모든 독재국가가 비슷하다. 조지 오웰의 《1984》에서 빅브라더가 통치를 하기 위해 '비판'이라는 단어를 지우는 것처럼.

혹 '사회에 불만 있냐?'라는 유행어를 들어보았는가? 거기엔 우리가 살아가는 세상에 불만이 있으면 착한 사람이 아니라는 뜻이 담겨 있다. "모난 돌이 정 맞는다."라는 속담도 있다. 남들이 가만히 있으니 당신도 가만히 있으라는 말이다.

비판은 '옳고 그름을 따져보는 것'을 말한다. 하지만 사람들은 비판과 비난을 혼동한다. 비난은 '남의 잘못을 책잡아서 더 나쁘게 말한다.'는 뜻이니 이미 그 자체로 부정적인 의미를 가진 단어이다. 독재는 '비난'의 부정적인 의미를 '비판'에 덧씌웠다. 비판적이라고 하면 왠지 모난 사람 같고 불만도 많은 사람 같다. 이러한 현상은 모두 기득권을 유지하려는 사람들에 의해 낱말이 오염된 결과이다.

인류의 변화는 비판에서 시작되었다. 만약 사람들이 존재하는 모든 것을 당연하다고 생각했다면 우리는 과거와 똑같은 현재를 살고 있을 것이다. 태양은 여전히 지구를 돌고 있고, 노예제도는 존재하고 있을 것이며, 대한민국은 여전히 독재국가를 벗어나지 못했을 것이다. 기존에 존재하는 관념에 대해 생각해 보고 의심해 보아야 한다. 이 세상에 당연한 것은 아무것도 없다. 당연한 것을 당연하게 받아들이는 순간 고통은 시작된다.

종갓집 며느리가 엄마인 친구가 있다. 1년에 제사를 열두 번은 지낸다고 한다. 그로 인해 친구의 엄마는 많은 고생을 해야 했으며 무릎의 상태도 점점 나빠졌다고 한다. 누군가의 희생을 당연하게 받아들이는 사회적 인식 때문이었을까? 친척들은 건강관리를 잘하라는 말만 할 뿐 친구 엄마의 고통을 덜어주려고 하지 않았다. 문제는 많은 수의 제사 때문이었는데 말이다.

유교적 가치관이 존재하는 대한민국에서 제사는 반드시 지켜야 할 가치처럼 보인다. 친구도 당연히 그렇게 생각했다. 하지만 자신이 지켜야 되는 가치로 인해 사랑하는 사람이 병들어 갔다. 혼란스러웠다. 과연 이 가치가 꼭 지켜져야만 되는 가치인지 의심하게 되었다. 결국 친구는 제사를 대폭 줄이고 음식도 최소한으로만 하자고 했다.

친척들의 반대는 당연했다. 뼈대 있는 가문에서는 절대 있을 수 없는 일이라면서……. 그래서 친척들에게 친구는 말했다.

"그러면 제사를 가져 가시죠. 우리는 더 이상 못하겠습니다. 죽은 사람 위하려다가 산 사람 죽일 수 없습니다."

버릇없어 보일 만한 행동이었다. 하지만 당시 친구가 지켜야 할 가치는 '제사'가 아닌 '엄마'였다.

비판은 우리를 자유롭게 한다. 우리가 아무 생각 없이 믿고 따르던 것을 눈을 뜨고 바라볼 수 있게 한다. 만약 비판적으로 바라보았는데도 좋다면 그건 정말 소중한 것으로 남게 된다. 당신은 제사를 위해 엄마가 골병드는 모습을 지켜보고만 있겠는가?

비판을 두려워하지 말자. 비판이 나쁜 것이라고도 생각하지 말자. 독재자들은 자신의 범죄를 들키지 않기 위해 비판을 두려워했다. 그 말은 비판이 정의의 편에 서 있다는 뜻이다.

비판하라! 자유를 얻을 것이다.

비판을 막는 이상한 학교

●

난 대한민국 국민이다. 주민등록증이 있고 나의 고유번호가 있다. 내 이름 대신 내 상품번호, 아니 인간번호가 나를 규정한다. 고등학교 때 주민등록증을 받는 일은 설렘 그 자체였다. 어른이 된 느낌이랄까! 친구끼리 서로 주민등록증 나왔느냐고 물어보면서 아직 못 받은 친구를 동생 대하듯 하고는 으쓱대기도 했다. 주민등록증은 그처럼 나에게 없어서는 안 되는 물건이었다.

대학 때 헌법 수업 시간이었다. 교수님이 아는 분 중에 나이가 50대인데도 주민등록증을 만들지 않는 분이 있다고 말씀하셨다. 생경했다. 주민등록증을 만들지 않는다니……. 그런 생각은 단 한 번도 해 본 적이 없었다. 기존 관념에 금이 가기 시작했다. 그래도 되나 싶기도 하고, 주민등록증을 안 만든다니 무슨 범죄자 아닌가 하는 의심도 들었다.

주민등록증은 1962년 주민등록법이 시행되면서 만들어졌다. 1962년은 4.19혁명으로 이승만 전 대통령이 하야하고 5.16 쿠데타로 정권을 장악한 박정희 전 대통령이 바통을 터치한 시기였다. 박정희 전 대통령은 사회를 통제하고 싶어 했다. 그는 군인이었다. 군인들에게 군번이 있듯 국민들에게는 주민등록번호가 있어야 했다. 주민등록증은 국민들을 군인으로 만들기 위한 수단이었다.

주민등록증 이야기를 들으면서 마지막에 든 생각은 이거였다. '왜 나는 한 번도 주민등록증이 이상하다는 생각을 안 했을까?'

아리스토텔레스는 말했다. "인간은 사회적 동물이다." 이 말의 의미는 글자의 수만큼이나 간단치 않다. 플라톤의 관념론을 유물론으로 극복하려 했다는 깊은 뜻이 있다. 하지만 여기서는 문장 자체에 집중해 보자. 어쨌든 우리는 사회적 동물이다. 이는 인간은 사회 속에서 살아간다는 단순한 의미에서부터 사회가 만든 가치관에 지배를 받는다는 의미까지를 포함하고 있다. 그렇다. 우리는 어떤 사회에서 살아가고 있는지에 따라 다르게 생각한다. 특히 우리들 대부분은 학교에서 각자의 가치관을 형성한다. 대다수가 초등학교 6년, 중학교 3년, 고등학교 3년까지 무려 12년을 학교라는 곳에서 교육을 받는다. 학교에서 가르치는 가치관이 우리의 가치관이 될 확률이 높다. 그렇다면 우리가 다닌 학교란 어떤 곳인가?

역사학자 한홍구 교수는 자신의 책 《특강》에서 학교가 뭐하는 곳이냐고 질문한다. 친절하게도 질문은 객관식이다. 우선 보기를 보자.

보기 1번은 '학교는 비판정신으로 충만한 민주시민을 기르는 곳'이고, 2번은 '국가관이 투철하고 질서를 잘 지키는 고분고분한 노동자를 키워내는 곳'이다. 3번은 '입시경쟁을 비롯한 경쟁사회에서 살아남아야 할 전사를 육성하는 곳'이고, 4번은 '교육을 통한 특권층의 재생산 및 부와 권력의 세습을 위한 곳'이다.

정답을 쉽게 고를 수 있겠는가? 난 쉽지 않았다. 보기는 지금 대한민국에 있는 학교의 모든 모습을 보여 주고 있기 때문이다. 우선 1번은 이상적인 학교, 우리가 다녀야만 하는 학교를 말한다. 그에 반해 2번은 역사적인 학교의 기원을 말한다.

학교가 처음으로 의무교육의 형태를 띠고 도입된 것은 영국의 산업혁명 이후부터이다. 즉, 자본주의가 시작되면서 지금의 학교 형태가 도입되었다. 농노들이 도시로 몰리면서 시작된 자본주의에서는 도시의 공장에서 일할 노동자가 넘쳐나야 상품의 대량생산이 가능했다. 하지만 공장에서 일하려면 기계를 이해해야만 했는데, 기계는 농사를 짓던 사람들에게는 한없이 복잡한 물건이었다. 게다가 당시는 문맹률도 높았을 뿐만 아니라 농사 짓는 일과 공장에서의 일은 그 기본부터가 달랐다. 어디에선가 그들을 가르쳐야 했다. 그게 학교였다. 자본가가 필요로 하는 노동자를 대량 공급하기 위해 국가는 학교를 세울 수밖에 없었다. 바로 우리가 다녔거나 다니고 있는 오늘날 학교의 기원이다. 이는 1833년 영국 공장법에 있는 교육조항을 통해서 확인할 수 있다.

지금 대한민국에서 많은 고등학교와 대학들은 이 역할을 수행하려고 한다. 현재의 특성화 고등학교는 대놓고 노동자를 양성하는 곳이다. 대학은 또 어떤가? 기업에서 실무능력이 떨어진다고 하니 알아서 노동자를 양성하는 곳으로 전락하고 있다.

보기 3번은 한국 사회에서 가장 많이 보이는 학교의 모습이다. 학생들이 하는 질문에 '우리가 왜 공부를 잘해야 하죠?'가 항상 있다. 지금도 쓸데없는 질문은 하지 말라는 선생님이 있겠지만, 논리적으로 대답을 해 주는 선생님도 여전히 있을 것이다. 그런데 그 논리라는 것이 대부분 이렇다. "사회에 나가서 하고 싶은 일을 하려면 공부를 잘해야 돼!"

공부를 잘하면 정말로 사회에 나가 하고 싶은 일을 할 수 있는지와 상관없이 대다수의 선생님들이 학교를 그렇게 생각한다. 한국에서는 경쟁사회에서 살아남기 위해 다니는 곳이 학교이다. 사회에 일자리가 많지 않으니 경쟁은 필연이다. 학교는 이 경쟁에서 승리하기 위한 도구로써 존재한다.

보기 4번 유형의 학교도 우리 사회에 있을까? 물론 있다. 있는 정도가 아니라 점점 많아진다. 이제는 좋은 대학을 가기 위한 필수조건이 좋은 고등학교를 가는 것이다. 특목고나 유명 자사고에 가지 못하면 좋은 대학을 갈 기회가 현저히 줄어든다. 게다가 판사를 많이 배출하기로 유명한 모 외고는 이미 대한민국의 기득권을 양성하는 곳으로 자리 잡았다.

그렇다면 민주시민을 양성하는 보기 1번 유형의 학교는 있을까? 불행하게도 존재하지 않는다. 아니, 존재할 수가 없다. 그 이유는 대한민국 학교의 기원과 관련된다.

국민학교라는 명칭이 일제강점기의 유산이라 초등학교라는 이름으로 바꾸었다고 말했다. 물론 명칭만 바꾸었을 뿐 수업방식과 시설은 모두 그대로이다. 이 국민학교의 기원은 1941년으로 올라간다. 일제강점기 시절 '황국신민', 즉 일본제국의 신민(臣民, 군주국에서의 신하와 백성)을 만들기 위한 곳이 국민학교였다. 일본은 당시 제2차 세계대전의 한복판에서 전쟁을 치르는 중이었다. 군주가 전쟁 중이니 그 신하는 당연히 군인이 되어야 했다.

직접 병역의무를 수행했든, 면회를 위해 방문했든, 혹시 군부대를 가 본 적이 있는가? 내가 군에 갓 입대해서 받은 느낌은 우리가 다니던 학교와 정말 비슷하다는 점이었다. 교문 옆에 있는 경비실은 위병소이고, 운동장은 연병장이며, 구령대는 사열대와 같았다. 뿐만이 아니다. 교육방식마저 학교의 수업과 비슷했다. 암기 위주의 주입식 교육. 바로 우리가 받아 온 수업방식이 주입식 교육 아닌가! 우리는 알게 모르게 모두 군인처럼 교육을 받아 왔던 것이다.

그러니 뚜렷한 비판정신을 가진 민주시민은 될 수 없었다. 군인이 비판정신을 갖고 있다는 건 어색한 일 아닌가? 상관의 명령에 대해 옳고 그름을 따지는 것은 군인의 행동이 아니다. 지금은 대부분의 학교들이 주입식 교육에서 벗어나려고 노력하고는 있지만 쉽지 않다. 선생님들이 군대식으로 교육을 받았는데 하루아침에 토론식 교육이 이루어질 수 있겠는가?

우리 스스로 죽인 비판정신

•

독일의 여성 커뮤니케이션 학자인 엘리자베스 노엘레-노이만 (Noelle-Neumann)이 만든 '침묵의 나선 이론'이 있다. 사람들은 자기 의견이 다수 의견과 같을 때에는 목소리를 더 높이지만 자신이 소수의 의견인 경우에는 침묵한다는 것이다.

이 이론이 적용되는 대표적인 사례가 '왕따' 문제이다. 힘센 친구가 약한 친구를 싫어하는 순간 주변 친구들은 왕따에 동조 또는 침묵 둘 중 하나를 암묵적으로 선택하게 된다. 침묵의 무서움은 이때 그 정체를 드러낸다. 만약 왕따를 당하는 학생에 대해 주변 친구들이 침묵하지 않는다면 그는 더 이상 왕따가 아니다. 주변의 침묵이 왕따를 만드는 것이다.

이처럼 침묵은 언제나 강자의 편이었다. 힘센 친구가 그 교실의 질서를 만들었으니까. 주변 친구들은 그 질서에 순응하든지 반항하든지 둘 중 하나만 선택할 수 있다. 만약 질서가 잘못되었다면 반항하는 게 맞다. 하지만 우리는 질서에 순응하는 사람이 좋은 사람이라고 배웠지 질서에 이의를 제기하는 사람을 훌륭하다고 배우지 않았다.

책읽기의 핵심은 옳고 그름을 따져 보는 비판이다. 그런데 쉽지 않다. '비판'이라는 단어에 대해 편견이 존재한다는 게 가장 두드러진 이유이다. 비판이 어려운 그다음 이유로는 바로 앞에서 이야기한 바와 같이 우리의 사회성을 들 수 있다. 우리가 받은 군대식 교육이란 무엇인가? 군대는 질서를 가장 중요시하는 사회이다. 그 질서를 유지하기 위해 구성원 모두를 획일화시킨다. 똑같은 제복을 입고, 똑같은 군화를 신으며, 똑같은 헤어스타일을 해야 한다. 그런 곳에서 남들과 '다름'은 문제가 있는 사람이다. 게다가 그 다름이 상대방, 즉 적의 주장에 동조하는 것이라면 더더욱 가만둘 수 없다.

물론 군대 자체는 문제가 아니다. 군대는 모름지기 그래야 한다. 국민과 가족을 지키려면 뭉쳐야 한다. 전쟁 중에 토론을 하다가는 모두 죽을 수 있다. 명령에 복종하고 단결해야 한다. 문제는 그것을 학교 교육에 도입했다는 데 있다. 국가를 군대로 만들면 결국 전체주의 국가가 된다. 제2차 세계대전을 일으킨 히틀러가 그랬다. 모든 국민의 마음을 한뜻으로 모으고 한 짓이 전쟁이며 학살이었다. 민주주의의 전제는 다양성이다. 당연히 국가의 구성원 모두에게 하나의 생각을 갖도록 강요해서는 안 된다. 다양성이 없어지면 민주주의는 사라지고 독재국가가 된다.

학교에서 우리는 비판정신을 배우지 못했다. 황국신민을 만들기 위한 곳, 군인을 만들기 위한 곳에서 어찌 비판정신을 배울 수 있었겠는가. 우리는 모두 질서에 순응하는 법만 배웠다. 질서에서 벗어나면 문제가 있다고 생각하게 되었다. 내가 주민등록증을 만들지 않은 사람을 이상한 사람이라 생각했던 것처럼……

우리는 은연중에 비판적인 사람은 문제가 있는 사람이라는 생각을 갖게 되었다. 뿐만 아니라 남들과 다른 주장을 하는 것에 두려움을 느낀다. 하지만 그것은 어쩌면 우리가 스스로 비판정신을 죽였기 때문일지도 모른다.

3장

읽기를 가로막는 것들

내가 갇혀 있는 프레임

코끼리는 생각하지 마!

•

조지 레이코프(George P. Lakoff)라는 미국의 언어학자가 쓴 《코끼리는 생각하지 마》라는 책이 있다. 우리나라에서는 다큐멘터리에 소개가 되고, 뉴스에도 등장해 유명세를 탔다.

이 책의 제목은 그 자체가 상당한 통찰을 제공한다. 사람들은 무언가를 생각하지 말라고 했을 때 그 무언가를 더 생각한다는 것이다. 책의 제목처럼 "코끼리를 생각하지 마!"라고 누군가 외친다면 대부분의 사람들은 코끼리를 떠올린다는 것이었다. 의심이 간다면 한번 코끼리를 생각해 보지 말기를 바란다.

과학적으로 이런 현상은 우리 뇌의 작동방식에 그 비밀이 있다. 하지만 이 책에서 이야기하고자 하는 것은 뇌의 비밀이 아니다. 그런 인간의 사고방식이 우리 사회에 어떤 영향을 미치는지 알려주려고 한다.

자본주의에서 정치인들은 유권자의 표를 얻어야 안락한 삶을 유지할 수 있다. 당연히 그들의 최대 관심은 유권자로부터 어떻게 표를 얻는가이다. 대표적인 방법으로 편 가르기가 있다. 내편과 상대편으로 가르고, 자신을 지지하는 사람을 내편에 속한다고 믿게 만드는 것이다.

편을 가르려면 사람들의 가치관을 이용해야 한다. 사회에는 누구에게나 좋아하는 것과 싫어하는 것이 존재한다. 빨갱이를 싫어할 수도 있고, 기득권을 싫어할 수도 있다.

정치인들은 사람들이 싫어하는 지점을 교묘히 파고든다. 그러고는 자신이 우리 편이라고 주장한다. 그들이 같은 편이라고 주장하는 순간 사람들의 머릿속에는 코끼리가 등장한다. 내가 보고 있는 정치인이 내 편이면 그 정치인과 경쟁하는 다른 정치인은 상대편이 된다. 나와 같은 편인 정치인이 이겨야 내가 이기는 것처럼 생각된다. 그러니 중요한 것은 어떻게 편을 나누는가이다.

《코끼리는 생각하지 마》는 어떻게 정치인이 편을 나누려고 노력하는지 분석한 책이다. 특히 그 핵심적 기술이 프레임의 선정이다. 프레임은 우리말로 번역하면 하나의 틀이다. 이 틀은 사람들의 생각하는 방식을 결정한다. 한 번 틀 속에 갇히면 사람들은 그 틀이

제공해 준 방식으로 생각하게 된다. 독재를 싫어하는 사람들은 독재는 나쁜 것이고 민주주의는 좋은 것이라고 생각한다. 정치인들이 독재 타도라고 말하는 순간 독재를 싫어하는 사람들은 그 사람이 민주주의를 지킬 것이라 생각한다. 사람들의 생각을 정치인들이 활용하는 것이다. 물론 독재가 좋은지 나쁜지, 민주주의가 좋은지 나쁜지 하는 것과는 다른 문제이다.

좋아하는 것과 싫어하는 것

•

사람들은 일정한 프레임으로 사고한다. 조지 레이코프는 언어학자로서 정치인들의 언어에서 이 사실을 발견했다. 하지만 이것이 전부는 아니다. 정치인들은 프레임을 만들어서 선거를 치루지만 인류의 역사에 등장했던 지배자들은 더 큰 프레임으로 사람들을 통치했다. 그중 종교는 엄청난 프레임이다. 그 프레임에 저항했던 철학자들은 자유롭지 못했고, 수많은 시민들은 그 프레임을 지키기 위해 목숨을 던졌다.

사실 종교를 프레임이라고 정하는 것은 타당해 보이지 않는다. 오히려 종교는 인간에게 세상에 대한 관점을 인식시켰다. 사람들의 행동과 생각을 지배하는 관점을 전파한 것이다. 조지 레이코프의 프레임은 관점의 향기에서 얻은 통찰일 뿐이다.

우리가 어떤 대상을 평가할 때 반드시 필요한 것이 바로 이 관점이다. 관점이 없다면 우리는 판단을 할 수 없다. 아이폰이 갤럭시보다 좋은지 나쁜지 알려면 스마트폰에 대한 관점이 필요하다. 만약 스마트폰에 대한 관점이 없다면 가격에 대한 관점으로 평가할 수 있다. 누구는 가성비 관점에서 평가할 수 있고, 누구는 품질의 관점에서 평가할 수 있다. 생각이 달라지는 출발점이 바로 관점이기도 하다.

책읽기도 마찬가지다. 관점이 필요하다. 관점이 없으면 책의 내용을 순진한 눈빛으로 받아들일 수밖에 없다. 우리가 비판적으로 보는 시각을 갖지 못하는 것은 비판하는 방법을 모르는 것도 있지만, 그 출발점인 관점이 없기 때문이기도 하다.

그렇다면 정말 우리는 관점이 없을까? 아니다. 아무리 생각 없이 사는 것처럼 보이는 사람도 관점은 있다. 누구나 세상을 사는 방식이 있고, 무엇이 좋은지 판단할 수 있다. 세상을 사는 방식도 관점이고, 더 좋은 것을 판단하는 기준 역시 관점이다. 하지만 사람들 모두가 자신이 어떤 관점을 갖고 있는지는 알지 못한다. 바로 이 지점에서 비판적 시각과 순응적 시각으로 갈리는 것이다.

내 관점이 무엇인지 모르면 사람들은 정보의 편향성에 따라 나에게 유리한 정보만을 습득한다. 그 누구도 불편한 정보를 좋아하는 사람은 없지 않은가. 공부 못하는 학생들이 자신이 잘하는 과목만 공부하려고 하는 것도 비슷한 이치이다.

그렇다면 내가 갖고 있는 관점은 어떻게 파악할 수 있을까? 또 만약 관점을 파악했다면 그 관점을 벗어날 수 있을까?

참 어려운 질문이다. 내가 어떤 관점을 갖고 있는지 알기도 어렵지만 그것을 벗어나기는 더 어려운 일이다. 그렇다고 방법이 없는 것은 아니다. 우리는 지금 어떻게 읽어야 하는지 고민하고 있지 않은가. 바로 그 어려움을 해결해 주는 게 책의 역할이다. 하지만 책은 최초의 관점을 우리에게 주지 않았다. 책은 우리의 관점을 의심하게 만들 뿐이다. 우리가 갖고 있는 최초의 관점은 다른 곳에서 왔다. 어디일까? 바로 우리가 살고 있는 이 사회이다.

우리가 살고 있는 이 사회에서 우리는 여러 가지 믿음과 편견, 그리고 권위 속에서 생각한다. 그런 것들이 우리의 관점을 이루고 우리의 생각을 가둔다. 그런 우리 자신을 알아야 책을 읽고 제대로 소화할 수 있다.

의심을 방해하는 믿음

진실을 요구하다

•

2002년에는 대한민국과 일본에서 월드컵이 열렸다. 새로운 대통령도 뽑혔다. 이런 굵직한 사건과 상관없이 2003년에는 남자 세명으로 구성된 그룹이 음악 앨범을 하나 발표한다. 물론 역사는 그들의 첫 앨범을 기억하지 못할 수도 있다. 대신 그 그룹의 리더는 반드시 기억할 것이다.

그 리더는 학벌이 좋았다. 미국에서도 명문이라 불리는 스탠퍼드 대학교 출신. 그룹의 리더는 방송에 출연할 때마다 미국에서의 여러 에피소드를 이야기했다. 자신의 학벌을 활용한 것이다. 대한민국에서 인지도가 필요 없는 분야가 어디 있겠는가? 처음 의도는 그렇게 인지도를 쌓은 다음 자신들의 음악을 알리고 싶었을 것이다. 사람들 역시 그의 여러 재능에 관심을 보였다. 랩도 하고, 작곡도 하고, 글도 썼으니……. 인지도가 올라가는 만큼 음악도 유명해지면서 그의 앞길은 탄탄대로일 것만 같았다. 하지만 세상은 그렇게 호락호락하지 않았다.

2010년, 사건이 시작되었다. 어떤 사람이 인터넷 상에서 그의 학력에 의혹을 제기한 것이다. 처음에는 단순한 안티 팬의 활발한 활동쯤으로 보였다. 연예인이라면 누구나 그런 팬 한둘쯤은 있지 않은가? 별 문제 되지 않을 것 같았다. 그러나 그것은 순진한 생각이었다.

사람들이 점점 그를 의심하기 시작했다. 천재라고 믿던 사람들이 그를 사기꾼이라고 떠들어댔다. 그러더니 비슷한 의심을 하던 사람들이 한 곳으로 모이기 시작했다. 좀 더 체계적으로 그를 의심하고 싶었던가 보다. 그들은 드디어 인터넷에 카페를 만들고는 집단지성(?)을 발휘했다. 그렇다! 그룹 리더 이름은 타블로이고, 카페 이름은 '타블로에게 진실을 요구한다.'를 줄인 '타진요'였다.

인터넷은 자신의 힘을 세상에 알렸다. 온라인상에서 타블로의 진실을 요구하는 사람들의 숫자는 점점 많아졌고, 급기야 지상파 방송국에서까지 이 논란에 뛰어들었다. 대부분의 에피소드는 타블로 자신의 경험이니 진실과 거짓을 판단하기 힘들었다. 하지만 학력 위조만큼은 확실하게 검증할 수 있는 일이었다. 그가 진짜 스탠퍼드 대학을 졸업했는지 안 했는지는 그 학교에 가 보면 금방 알 수 있는 사실이었으니까. 방송국에서는 타블로를 데리고 학교로 갔다. 타블로는 그곳에서 학창시절 사람들과 다시 만났다. 그 장면이 화면에 잡혔다. 스탠퍼드 대학에서도 정식으로 그의 졸업을 증명해 주었다. 이것으로 사건은 일단락되는 것처럼 보였다.

하지만 예상은 보란 듯이 빗나갔다. 방송이 끝난 다음 날 세상은 더 요동쳤다. 아무 관심 없던 사람까지도 이제는 진실이 무엇인지 궁금해했다. 의심하던 사람들은 의혹을 접지 않은 채 여전히 타블로가 학력을 위조한 게 분명하다며 유언비어를 퍼뜨리고 다녔다. 결국 타블로는 그들을 고소했다.

2012년, 법원은 타블로를 의심한 사람들에게 실형을 선고했다. 스탠퍼드 대학교는 한국 법원의 요구에 타블로의 졸업을 다시 한 번 증명해 주었다.

의심만큼 나쁜 게 또 있을까? 의심하는 사람이 제대로 된 사람일까? 지금도 수많은 가정이 의심병인 '의처증'과 '의부증'으로 인해 파탄 직전이다. 타블로와 관련된 진실게임만 보아도 의심은 나쁘고 위험해 보인다. 그렇다면 의심의 반대말은 무엇일까? 만약 의심이 나쁜 것이라면 그 반대말은 좋은 의미여야 한다. 이 등식이 성립되어야 우리는 의심을 미워할 수 있다.

생각해 보자. 의심은 "확실히 알 수 없어서 믿지 못하는 마음"

이라고 사전은 정의하고 있다. 그렇다면 그 반대는 '확실히 알 수 있어서 믿는 마음'일까? 아니면 '확실히는 알 수 없지만 믿는 마음'일까? 아마도 논리상 후자일 듯하다. 무언가를 확실히 안다면 믿음은 필요 없다. 자신이 확실히 알고 있는 사실을 믿지 못한다는 말은 앞뒤가 맞지 않는다. 당연히 '확실히 알지 못하는 상태에서 믿는 것'이 의심의 반대이다. 결국 의심의 반대는 믿음이라는 이야기이다.

1988년, 대한민국에서 하계 올림픽이 개최되었다. 2002년 월드컵에서 우리가 4위를 한 것과 마찬가지로 서울 올림픽에서도 4위를 했다. 서울 올림픽 다음의 하계 올림픽은 1992년 스페인 바르셀로나 올림픽이었다. 세계인의 축제인 바르셀로나 올림픽이 열린 그해 한국에서는 매우 충격적인 사건이 발생했다. 올림픽이 지나고 10월 28일이 되면 이 세상에 종말이 다가온다는 소문이 발 달린 말처럼 온 나라에 퍼져나갔던 것이다. '종말? 그렇다면 모두가 죽는다는 이야기인가?' 그렇다. 인류가 종말로 인해 멸망한다는 소식이었다. 하지만 하늘이 무너져도 솟아날 구멍은 있다고 했던가! 종말과 함께 '휴거'가 일어난다는 말도 같이 따라다녔다.

나는 '휴거'란 말을 이때 처음 알았다. 어디 놀러 가는 '휴가'가 아니다. '휴거'이다. 이 말은 세상에 종말이 도래하면 하나님을 믿는 사람들은 하늘의 부름을 받아 중력의 법칙을 무시하고 하늘로 들려 올라간다는 것이었다. 처음에는 당연히 믿지 않았다. '카더라' 통신이라고 들어봤는가? 정확하지 않은 사실이 '대충 그랬을 것이다' 하면서 퍼져나가는 것을 말한다. 휴거 이야기도 그럴 것이라 생각했다. 그러나 그 일은 그렇게 단순하게 끝나지 않았다.

휴거가 일어난다고 떠벌인 곳은 마포구 성산동에 있는 '다미선교회'였다. 10월 28일 자정을 정해 놓고 공공연히 사람들에게 휴거를 예언했다. 종말이 가까우니 더 열심히 교회를 다녀야 한다고 했다. 헌금도 더 많이 해야 휴거될 수 있다면서……. 어떤 이들은 부동산과 퇴직금 등 가진 돈 모두를 헌납했다. 천만 원 이상을 낸 신도들만 서른 명이 넘었다.

드디어 D-Day. 사람들은 모두 휴거를 알고 있었다. 언론도 가만히 있지 않았다. 흥미진진했다. 아니, 사실 한편으론 두렵기도 했다. '오늘이 나의 마지막 날이면 무얼하지? 사과나무라도 심어야 하나?' 솔직히 이런 심각한 고민도 한두 번은 했다.

카운트다운에 들어갔다. 공중파 방송국에서도 생방송으로 중계했다. "십, 구, 팔, 칠, 육, 오, 사, 삼, 이, 일, 땡!" 정말 땡이었다. 누군가가 신발을 벗어 놓고 사라지는 바람에 휴거가 일어난 것 아니냐는 말도 들려왔지만 아니었다. 그냥 아무 일도 일어나지 않았다.

다미선교회 목사는 사기 혐의로 구속되었고 신도들은 후유증에 시달렸다. 단 한 번의 의심도 없이 믿었건만 돌아온 건 물질적,

정신적 피해뿐이었다. 여전히 목사의 말이 떠오른다.

"믿는 자만이 구원을 받을 것입니다."

자신의 생각을 말할 뿐

●

앞에서 '의심'이 나쁘게 기억된 사건과 '믿음'이 나쁘게 기억된 사건을 보았다. 분명 의심의 반대가 믿음이고 믿음이 좋은 것이라면 의심은 나쁜 게 된다. 하지만 그렇지 않았다. 일명 '휴거' 사건 말고도 믿음으로 인해 피해를 본 사례는 훨씬 많다. 대한민국에서 일어나는 사기 사건은 모두 '믿음'이 원인이다. 다단계 판매 사기부터 부동산 분양 사기까지……

그렇다면 '타진요' 사건은 정말 의심이 원인이었을까? 뭔가 좀 이상하지 않은가? 타블로를 의심하는 사람들과 휴거를 믿는 사람들의 차이는 무엇이란 말인가? 한 쪽은 의심이고 다른 쪽은 믿음이니 다를까? 아니다. 그들에게는 공통점이 있다. 바로 자신이 믿고 싶은 것만 믿었다는 것이다.

타블로가 스탠퍼드 대학 출신이 아닐 수 있다는 의심은 누구나 제기할 수 있다. 하지만 타블로를 의심했던 사람들은 스탠퍼드 출신임이 증명되었음에도 '아니'라고 믿었다. 한 번 믿고 나서는 어떤 반대 증거가 제시되어도 자신의 믿음을 의심하지 않은 것이다. 못 먹어도 '고'였고 막무가내였다. 의심을 가장한 '믿음병' 환자였다.

의심이 문제가 아니라 믿음이 문제였다.

의처증과 의부증도 비슷하다. 남편은 아내를, 아내는 남편을 믿지 못한다. 왜 이러한 의심이 반복될까? 맞다. 의심하는 사람들에게 믿음이 있기 때문이다. 아내가 나 몰래 바람을 피운다는 믿음, 남편이 나 몰래 바람을 피운다는 믿음이 있기에 의심을 가장한 병이 된다.

의심에는 아무 잘못이 없다. 문제는 믿음이다. 의심은 오히려 잘못된 믿음에서 우리를 구원해 줄 유일한 방법이다. 그런데 사람들은 의심을 멀리하고 믿음을 가까이한다. 무조건 믿으라는 사람을 가까이하고 의심해 보라는 사람을 멀리한다. 청개구리처럼…….

검사가 범죄자의 말을 100퍼센트 믿으면 피해자를 보호할 수 있을까? 판사가 피고인의 말을 100퍼센트 믿는다면 유죄 판결을 내릴 수 있을까? 당연히 어렵다. 범죄자는 원래 거짓말을 하는 사람이다. 법도 범죄자가 죄를 숨겼다고 해서 더 심하게 처벌하지 않는다. 자신의 죄를 숨기는 것은 어쩌면 인간의 자연스러운 본성이기 때문이다. 문제는 언제나 의심 없이 믿는 데서 일어난다.

책도 마찬가지다. 사람이 하고 싶은 말을 글로 풀어낸 것이다. 사람들은 항상 진실을 말하지는 않는다. 언제나 자신의 생각을 말할 뿐이다. 당연히 그 말이 100퍼센트 진실일 수는 없다. 그러면 그 말이 옳은지 그른지 따져보아야 하지 않을까? 그런데 훼방꾼이 있다. 바로 믿음이다. 믿음이란 놈이 그런 합리적 의심을 방해한다. 자신의 생각을 말하는 사람을 보면서 진실을 말한다고 믿게 만든다. 그리고 이 부분에서 문제가 발생한다. 진실을 말한다고 믿으니 의심하지 않는다. 대한민국에서 의심은 착한 사람을 못 믿는 사람들이나 하는 나쁜 짓이라고 배웠으니 한편으론 의심이 되어도 죄의식이 들어 그냥 믿어 버린다. 이 얼마나 아름다운 마음을 지닌 사람들인가!

하지만 그런 믿음이 책읽기를 방해한다. 책을 읽어도 보고 싶은 것만 보게 된다. 자신이 알고 있던 것과 다르면 관심을 안 보인다. 이는 증명된 사실이다. 《설계된 망각》의 작가인 신경과학자 탈리 샤롯(Shrot, T)은 "자신이 알고 있는 정보를 보았을 때 인간의 뇌가 더 분명히 인식하기 때문에 자신이 알고 있던 정보와 다른 정보는 무시하게 된다."고 주장했다. 물론 이는 일반적인 현상일 뿐 만고불변(萬古不變)의 진리는 아니다. 언제든 바뀔 수 있다.

왜 우리는 믿음을 버리지 못할까? 무엇이 우리를 믿음에 가두어 두는 것일까? 처음에는 믿음에 지배당하는 이유가 의심에 대한 두려움 때문이라고 생각했다. 물론 그 말이 맞을 수도 있다. 실제로 의심에 익숙하지 않은 사람들이 많은 것도 사실이니까. 하지만 그런 단순한 이유만으로는 설명되지 않는 부분이 있다. '타진요' 사건처럼 수많은 의심의 단서를 주어도 바뀌지 않는 사람들이 분명 있으니까…….

사람들의 믿음 뒤에는 그 믿음을 지배하는 관점이 있다. 관점은 생각의 뿌리이기도 하다. 만약 관점이 없다면 생각은 없어지기 마련이다. 그럼 타블로에 대해서는 어떤 관점이 있었을까? 나는 타블로가 말한 에피소드를 듣고 사람들이 그를 거짓말쟁이로 믿었을 것이라 본다. '타블로라는 인간은 거짓말쟁이'라는 관점이 '타진요'를 지배했을 가능성이 높다. 어차피 타블로는 거짓을 말하니 어떤 증거가 나와도 그의 말은 진실이 될 수 없는 것이다.

사람들은 자신의 관점에 상당한 집착을 보인다. 왜 그럴까?

관점은 무엇인가를 평가하는 출발점이다. 어떤 대상을 평가한다는 것은 어떤 생각을 창조한다는 이야기도 된다. 한마디로 관점이 그 사람을 생각하는 인간으로 만들어 준다는 뜻이다. 결국, 어떤 이로 하여금 관점을 사라지게 만드는 것은 그의 생각의 뿌리를 자르는 일이다. 생각의 뿌리가 없어지면 당연히 생각이 존재할 수 없다.

사람들이 생각을 바꾸지 않는 이유의 뒷면에는 관점에 대한 의존성이 도사리고 있다. 관점이 자신의 생각을 만들고, 자신의 생각이 사회적 평가를 만드는데, 자신의 사회적 평가의 출발점인 관점을 바꾸는 행위는 어쩌면 사회적 지위를 박탈하는 일이 될지도 모르는 일이니 말이다.

우리가 정치 상황은 보는 태도도 이와 비슷하다. 서로 자신의 관점에 대한 믿음이 있고, 그 관점을 절대로 바꾸지 못한다. 관점을 바꾸는 것은 자신이 구축한 지식의 체계를 무너뜨리는 일 아닌가. 수많은 사람들에게 자신의 정치적 의견을 전파했는데, 어느 순간 그것이 다 헛소리가 될 위기를 맞는 일이다. 어떻게 자신의 관점을 포기할 수 있겠는가?

머릿속에 꽉 찬 편견

약자의 손을 잡아 준 골칫덩이들
•

1996년 7월 프랑스의 다국적기업이면서 세계적인 유통회사가 한국에 문을 열었다. 그 이름은 까르푸(Carrefour). 불행하게도 그 이듬해인 1997년의 한국 경제에는 사계절이 없었다. 1년 내내 겨울이었다. 대기업들이 줄줄이 위기에 처했고 그중 몇몇은 도산을 했다. 결국 그해 말 한국 정부는 IMF(국제통화기금)에 구제금융 요청을 결정한다. 그나마 다행인 것은 한국에 불어 닥친 경제 한파는 그리 오래가지 않았다는 점이다. 국민 모두가 함께 노력한 결과였다. 한국 경제의 체질에는 많은 변화가 있었지만 IMF 체제에서만큼은 빨리 벗어날 수 있었다.

까르푸는 한국이 겨울을 이겨내고 봄을 맞이하는 동안에도 변함없이 잘 지냈다. 다만, 경쟁은 쉽지 않았다. 대형 마트가 줄줄이 생기면서 업계 순위가 내려가기 시작한 것이다. 그러자 까르푸의 원칙 중 하나가 작동하려고 했다. 바로 '그 나라에서 업계 순위가 3위 아래로 내려가면 철수한다.'라는 원칙.

2006년에 드디어 10년간의 한국 생활을 마감하고 프랑스로 돌아가려는 까르푸를 두고 새로운 경쟁이 시작되었다. 누가 까르푸의 새로운 주인이 될지 결정해야 했다. 내로라하는 유통회사들 모두가 까르푸의 주인이 되고 싶어 했다. 하지만 승자는 의외의 회사인 이랜드였다. 옷 만들어 파는 회사가 이랜드 아니었던가. 그런 이랜드가 까르푸를 인수한다고 하니 사람들은 마냥 신기해했다. 사실 인수 경쟁에서 이랜드는 후발주자였고 유통업 분야에는 전혀 알려지지 않은 상태였다. 그러니 그 결과는 더 놀라울 수밖에 없었다.

어쨌거나 승자인 이랜드는 까르푸의 이름을 '홈에버(Homever)'로 바꾸었다. 까르푸 직원들은 홈에버의 직원이 되었다. 기업이 철수하고 인수되는 과정에서 제일 큰 고통을 받는 이들은 직원들이다. 회사의 주인이 바뀌면서 정리해고가 빈번히 일어나기 때문이다. 까르푸, 아니 홈에버도 처음에는 큰 문제가 없는 듯 보였다. 모든 게 순조로웠다. 오히려 프랑스 기업에서 한국 기업으로 바뀌는 데 대한 환영의 목소리도 들려왔다. 그리고 한 1년쯤 흘렀을까? 문제가 시작되었다.

2007년 5월, 홈에버는 대대적인 해고를 시작했다. 한국은 이미 IMF를 극복하면서 비정규직이 전체 노동자의 50퍼센트에 이르렀다. 사자는 절대 강한 사슴을 사냥하지 않는다. 새끼 혹은 다친 사슴부터 공격한다. 홈에버는 비정규직부터 해고하기 시작했다. 비정규직은 노동법의 보호막 밖에 있다. 무리와 떨어져 절름거리고 있는 새끼 사슴 같은 존재이다. 게다가 노동조합조차 비정규직을 외면하는 시대였으니 사냥은 잔인하고 빠르게 끝날 것만 같았다.

하지만 쉽지 않았다. 한없이 약해 보이던 사슴이 조금 이상했다. 나가라면 나갈 줄 알았는데 못 나간다며 버티는 것 아닌가! '갑'의 말을 듣지 않는 '을'이라니 당황스러웠다. 알고 보니 까르푸 시절 누군가 노동조합을 만들어 놓았던 것이다. 더구나 그 노조에는 비정규직 직원들까지 조합원으로 참여하고 있었다. 홈에버는 비정규직을 해고하는 것이 아니라 노조와 전면전을 치러야 하는 상황에 직면하고 말았다.

한국 사회에서는 '비판'과 마찬가지로 '노조'와 '파업'도 오염된 말들이다. 약자를 위한 제도와 보호 수단들을 우리는 나쁜 것이라고 배웠다. 당연히 대한민국 국민답게 파업 참가자들 역시 그렇게 생각했다.

파업은 길었다. 그들은 스스로에게 '승리할 수 있을까?'라는 질문을 수없이 했다. 과연 이렇게 하는 게 맞는 것인지 확신할 수가 없었다. 불안했다. 반면, 변화도 있었다. 진실이 조금씩 눈에 보인다고나 할까! 나쁘다고만 생각했던 파업과 노조가 지금은 자신들의 유일한 희망이었다. 분명 이 사회에서 필요하지 않다고 생각했던 것들인데……. 무언가에 속고 살았음을 깨달았다.

홍세화의 《생각의 좌표》에는 파업 당시 그와 조합원들과의 대화가 나온다. 거기서 그는 조합원들에게 두 가지 질문을 던진다. 하나는 "한 달에 80만 원을 벌어서 무엇에 쓰는가?"였다. 대부분의 가정이 그렇듯 그들도 별반 다르지 않았다. 아이들 학원비나 생활비에 보태는 정도였다. 남편이 실직을 했거나 놀고 있다면 생활비만으로도 턱없는 액수였다. 질문은 다음으로 이어졌다. "지금까지 어느 정당에 투표했는가?" 정치적인 질문이었다. 사람들은 대답을 주저했다. 당황스러워하는 눈빛도 보였다. 그러다가 사실을 말하기 시작했다. 대부분의 조합원들이 현재 새누리당의 전신인 한나라당에 투표했다고 했다. 고백도 이어졌다. 자신들은 진보정당원들이 사회를 불안하게 만드는 사람들이라고 생각했다고. 그런데도 지금 주변에는 자신이 나쁘게 생각했던 사람들만이 이 외로운 싸움을 지지해 준다고 말했다.

비슷한 일은 얼마 전에도 일어났다. 바로 세월호 참사. 2014년 4월에 일어난 세월호 참사는 대한민국의 모든 이들을 슬픔에 빠뜨렸다. 유가족들은 참을 수 없는 답답함과 억울함에 가슴이 찢어졌다. 당연히 해야 할 구조작업조차도 항의하지 않으면 이루어지지 않았다. 분노했다! 자신이 알던 대한민국이 아니었다. 그들은 그래서 뭉쳤다. 하나의 목소리를 내기 위해 뭉칠 수밖에 없었다.

뭉치는 과정에서 약간의 불협화음도 있었다. 초반에는 정치적 색깔을 띠지 않기 위해 유가족이 아닌 외부인의 개입을 거부하는 움직임도 있었다. 이상한 시민단체들이 돕겠다고 나서니 거부감이 들지 않겠는가. 하지만 시간이 누가 내 편인지를 알려주었다. 평상시 왠지 모르게 싫다고, 골칫덩이라고 느꼈던 단체들만이 끝까지 자신들의 편에 서 있었다. 너무 힘들어 눈물 흘릴 때 손수건을 내미는 건 그들뿐이었다. 도대체 왜 그들을 미워했을까?

다른 사람은 나쁜 사람
●

홈에버 파업이나 세월호 참사나 피해자들은 비슷한 과정을 겪는다. 내가 알고 있던 세상이 전부가 아니라는 사실, 늘 불만에 가득 차 있는 것 같아 이유 없이 싫었던 사람들이 알고 보니 내 편이었다. 얼굴 한 번 본 적 없지만 그들은 내 편이었고 우리의 편이었다. 이는 대한민국만의 문제는 아니다. 미국도 가난한 사람들이 부자들을 더 잘살게 해 주겠다는 정당인 공화당에 투표한다. 그러나 한국은 미국과는 그 이유가 좀 다르다. 우리는 미국보다 훨씬 닫힌, 진실이 무엇인지 고민하기보다는 누구를 믿어야 되는지를 고민하는 세상에 살고 있다.

두려움은 사람을 의지하게 만든다. 대한민국의 현대사를 보자.

전쟁의 위험이라는 두려움으로 사람들은 누구를 믿어야 할지 고민할 수밖에 없었다. 해방 후 이승만 대통령이 미국에서 왔다. 북쪽은 구 소련(러시아)이, 남쪽은 미국이 신탁통치를 했다. 전쟁의 위험마저 상시 존재했다. 그러자 이승만은 "뭉쳐야 산다."고 외쳐댔다. 서로 의심하지 말고 하나로 똘똘 뭉쳐야 공산주의를 이길 수 있다면서 말이다. 어찌 믿지 않을 수 있겠는가?

문제는 그가 사람들이 가진 공포감을 이용했다는 데 있다. '자기를 반대하는 사람들은 분명 빨갱이'라며 자신의 독재를 유지하기 위한 수단으로 활용한 것이다. 공산주의를 옹호하지 않는 이상 '뭉쳐서 잘살자'는 데 어떻게 싫다고 말하겠는가! 게다가 미국에서도 명문인 프린스턴 대학교 박사 출신 엘리트의 말이다. 의심하기가 쉽지 않았다. 한글조차 모르는 사람들이 꼬부랑글씨를 쓸 줄 아는 사람의 말을 의심하기는 지금도 쉽지 않다.

누구 한 사람의 말을 믿기 시작하면 편견이 시작되기 마련이다. '내 믿음에 반대하는 사람은 잘못된 사람, 다른 의견을 가진 사람이 아니라 틀린 사람'이라고 생각하게 된다. 게다가 이 편견은 자신의 믿음을 보호하는 역할을 한다. 결국 편견은 내 믿음의 뿌리인 관점의 경호원 역할을 하는 것이다.

4.19 혁명으로 이승만이 물러나니 이번에는 박정희가 나타났다. 그 역시 시대의 정의를 내세우면서 다시 믿음을 강요했다. 이번에는 자신의 말이 법이란다. 국가보안법을 이용하고 긴급조치를 발

령하며 자기 말을 의심하는 것 자체가 위법이라고 겁을 주었다. 사람들은 입과 귀를 닫았다. 생각도 멈춰 버렸다. 오직 믿으라는 대로 믿었고 생각하라는 대로만 생각했다.

편견은 보편화된다. 사람들은 남들과 같아지려고 노력하지 달라지려고 노력하지 않는다. 게다가 대한민국은 남들과 다르게 생각하는 것에 너그럽지 않다. 편견도 예외가 아니다. 우리는 누군가의 편견을 자꾸만 공유하려고 한다.

지역감정이란 편견을 보자. 그 편견은 언제부터 시작되었을까? 누구의 말처럼 고구려, 백제, 신라가 한반도의 패권을 놓고 다투던 삼국시대부터일까? 아니다. 오히려 지금의 지역감정은 역사가 짧다. 1971년 박정희는 김대중과 대통령 선거를 치러야 했다. 김대중은 만만찮은 인물이었다. 정정당당하게 싸워서는 이기기 힘들었다. 박정희는 지역감정을 불러일으켜야 했다. 경상도에 사는 사람이 전라도에 사는 사람보다 언제나 많았으니 한쪽이 다른 쪽을 싫어하기만 하면 선거에서 이길 수 있다고 보았다. 그렇게 시작된 지역감정이 계속해서 이어져 내려왔고, 수많은 정치인들이 이용했다. 그리고 지금도 지역감정은 여전히 유효하다.

이런 지역감정은 편견이 보편화된 증거이다. 어떻게 한 지역에 사는 수백만의 사람들 대부분이 다른 지역 및 그 지역에 사는 사람들 모두를 싫어할 수 있는가? 그것도 악의적인 이유로……

대한민국에는 이처럼 정치판에서 빚어진 수많은 편견이 존재한다. 노동조합에 대한 편견, 파업에 대한 편견, 분배에 대한 편견, 미국에 대한 편견, 지역에 대한 편견, 복지에 대한 편견, 언론매체에 대한 편견 등 셀 수 없다. 지금도 정부의 말을 믿지 못하겠다는 사람들에게 '종북좌파'라는 주홍글자를 새기는 어르신들을 종종 볼 수 있지 않은가!

책을 읽을 때도 마찬가지다. 비판하면서 읽지 못하는 이유도 우리가 갖고 있는 수많은 편견 때문이다. 사람들에게 믿음이 생기고 난 뒤에 그 믿음을 누군가 의심하면 편견으로 믿음을 지킨다. 이것이 스스로 의심하지 못하는 이유이다. 당연하게 받아들여진 기존의 것은 절대 의심하고 비판할 수 없다. 왜 그럴까? 내 생각과 다르게 말하는 사람은 이미 나쁜 사람이라는 편견을 갖고 있어서이다. 그럼 이 편견은 무엇으로부터 온 것일까? 그건 우리 사회를 지배하는 누군가의 권위로부터 온 경우가 대부분이다.

책에 부여한 권위주의

맹목적으로 복종하는 사람들

●

역사는 밝은 면과 어두운 면의 두 얼굴을 가지고 있다. 그 양면성으로 인해 역사 후의 세대들은 발목을 잡히기도 하고 화합하지 못하기도 한다. 역사는 왜 양면성을 갖고 있을까? 그 질문에 대한 답은 좋은 점과 나쁜 점을 모두 가진 인간의 양면성으로 설명하거나 혹은 사회계급에 따른 인간 이익의 충돌로 설명할 수 있다.

대한민국의 대통령들을 보자. 그들 역시 이러한 이중적 평가를 벗어날 수 없다. 박정희 대통령은 헌법을 유린하고 독재를 했지만 경제성장의 기틀을 마련했다는 점에서는 여전히 추앙받는다. 김대중 대통령은 빠른 시간 내에 IMF를 극복했지만 신자유주의에 한국 경제를 맡겨 버린 대통령이라는 평가도 있다.

위에 언급한 대통령들은 어떤 부분에서 눈에 보이는 뚜렷한 성과를 이루었다. 반면, '권위주의'를 타파한 게 잘한 일이라고 평가받는 대통령도 있다. 집값을 잡지 못했을 뿐만 아니라 미국과 FTA를 추진하여 지지자들에게까지도 비판을 받았지만 '권위주의' 타파만큼은 잘했다고 평가받는 사람, 바로 노무현 대통령이다. 뭔가 허전하다. 눈에 보이는 성과가 아닌 '권위주의' 타파가 잘한 일이라니……. 칭찬할 게 없어서 하는 말처럼 들리기도 한다.

그렇다면 그가 타파했다는 '권위주의'란 무엇일까? 사실 '~주의'라는 말은 한마디로 정의하기 힘든 면이 있다. 자본주의, 사회주의, 자유주의 등의 개념이 그래서 어렵다. 왜냐하면 여러 철학과 역사가 모여서 만들어지기 때문이기도 하고, 시간에 따라 조금씩 변화를 거듭하기 때문이기도 하다. 그런 이유로 사전적 정의에서부터 시작해 보겠다.

백과사전이나 21세기 정치학 사전에서 권위주의를 찾아보았다. 그곳에는 권위주의란 "어떤 일을 권위에 맹목적으로 의존하여 해결하려고 하는 행동양식으로, 자신보다 상위의 권위에는 강압적으로 따르며 하위에는 오만하거나 거만한 태도를 유지한다."고 나와 있다.

그럼 권위주의 정의에서 사람들이 강압적으로 따른다는 '권위'는 무엇일까? 문제의 핵심은 권위에 대한 해석으로 넘어간다. 국어

사전에 권위는 "일정한 분야에서 사회적으로 인정받고 영향력을 끼칠 수 있는 위신"이라고 되어 있다. 즉, 시대마다 그 사회에서 많은 사람들이 믿고 따르는 신임을 '권위'라 하고, 그것을 갖고 있는 사람을 '권위자'라고 부르는 것이다.

생각해 보자. 원시시대부터 사람들은 누군가에게 권위를 부여했다. 정확히는 사람들끼리 모여 살면서부터 나타나기 시작했다. 최초의 권위는 노인들에게 부여됐을 것이다. 경험이 최고인 사회에서 노인은 가장 많은 경험을 했고, 그 경험을 지혜로 여겼을 테니 당연한 일이다. 그 뒤 사회가 발전하고 종교가 탄생한 뒤부터 권위는 노인에게서 종교인들이나 왕에게로 옮겨 갔다. 마녀사냥과 같은 행태도 종교인에게 권위가 없었다면 일어나지 않았을 일이다.

그러면 지금은 어떤가? 누구에게 권위가 부여되는가? 가장 손쉽게 머릿속에 떠오르는 사람은 정치인이다. 여전히 대통령에게는 막강한 권위가 있다. 그리고 여러 분야의 전문가라는 사람들이 권위를 가진다.

권위주의는 이런 권위에 맹목적으로 따름을 이른다고 했다. 여기서 중요한 점은 '맹목적으로 따른다.'는 말이다. 권위의 존재는 역사적 사실이고 현상이다. 하지만 맹목적으로 따르는 것에는 문제가 있다. 특히 제2차 세계대전을 일으킨 파시즘은 대표적인 권위주의의 산물로 평가받는다.

이 같은 권위주의는 사회에 어떻게 문제를 일으킬까?

제2차 세계대전 때 나치를 피해 도망친 학자들이 참 많았다. 철학자 칼 포퍼(Karl Popper)는 뉴질랜드로 갔고, 아인슈타인(Albert Einstein)은 미국으로 갔다. 그리고 아도르노(Theodor W. Adorno)라는 철학자 겸 역사학자 역시 나치를 피해 미국으로 갔다. 나는 이 아도르노에 주목하려고 한다.

아도르노는 나치를 지지하는 사람들을 이해할 수 없었다. 어떻게 친구와 가족을 죽음으로 몰아넣는 전쟁을 지지할 수 있단 말인가? 때문에 아도르노는 그들을 연구하기 시작했다. 도대체 왜 나치를 지지하는지 이해하고 싶었다.

연구를 통해 아도르노는 '권위주의적 성격 이론'을 만든다. 이는 권위에 맹목적으로 복종하는 사람들이 어떤 행태를 보이는지 알려 준다. 그에 따르면 권위주의적 성격을 가진 사람은 기존 권위에 복종하는 성향이 강하고, 기존 권위의 규칙을 따르지 않는 사람들이나 소수 그룹에 대하여 적대적이고 탄압하려는 성향이 있다고 한다. 또 기존 관습이나 사회 규칙을 따르려 하면서 새롭거나 독립된 생각들을 배척한다고 한다.

아도르노의 이론은 맞을까? 그가 말한 권위주의적 성격을 가진 이를 본 적 있는가? 불행하게도 나는 많이 보았다. 아도르노가 한국에서 태어났다면 지금보다 훨씬 유명한 사회학자가 되었을지도 모르겠다. 여전히 사회에 불만을 나타내면 잘못된 사람이고, 보수 정권의 정책을 의심하면 종북좌파라고 불리는 우리가 처한 사회현상이 아도르노의 이론을 실증적으로 증명해 주고 있으니 말이다.

이런 사회 분위기에서는 사람들이 알게 모르게 권위주의적 사고에 젖을 수밖에 없다. 노무현 대통령이 권위주의를 타파했다지만 그건 대통령의 권위주의일 뿐이다. 우리가 일상에서 겪는 권위주의는 여전히 현재진행형이다. 학교에서는 종교 수업을 거부하는 학생들의 입을 다물게 하고, 군대에서는 선임병의 범죄에 다들 스스로 입을 닫는다. 회사에서 내부 고발자를 보는 시선은 또 어떤가? 권위를 가진 자에게 반론을 제기하거나 비판하는 일은 우리에게 익숙지 않다. 아니, 그것은 잘못된 행동이라고 배웠다.

저자와 독자는 똑같다

●

서울대병원 정신건강의학과 윤대현 교수는 고부갈등을 겪는 며느리의 심리를 설명한다. 며느리들은 시어머니의 부당한 지시나 요구를 들으면 처음에는 분노와 답답함을 느낀다고 한다. 이런 감정은 스트레스를 유발하고, 스트레스를 받으면 자연스럽게 그것을 해결하려고 고민하기 시작한다. 특히 며느리들은 고통에서 벗어나기 위해 그 부당한 지시를 합당하게 만든다고 한다. 즉, 스스로 논리를 만들어서 합리화시킨다는 것이다.

그런데 이런 심리는 비단 며느리에게만 있는 것 같지는 않다. 우리가 일상적으로 겪는 부당한 지시에서도 확연히 나타난다. 대한민국은 세계가 인정하는 권위주의 국가 아닌가! 게다가 이 같은 합리화 과정은 우리의 생각까지 멈추게 한다. 분노를 해소하기 위해 논리를 만드는 것은 초기단계일 뿐이다. 납득하지 못하는 지시에 복종해야 한다면 생각할 필요가 뭐 있겠는가. 그냥 믿고 따르면 편해지는데…….

이것이 권위주의에 복종하게 되는 과정으로 우리가 지금까지 겪어 온 현상이다. 사실 권위 자체가 나쁜 것은 아니다. 효율적인 지식 전달을 위해서라면 반드시 필요하다. 아이가 엄마로부터 기본적인 지식을 배우려는 이유는 엄마에게서 권위를 발견했기 때문이다. 학교에서 학생들이 선생님에게 배우는 것 역시 선생님에게 권위가 있기 때문이다. 중학생이 유치원생에게 무언가를 배우지 않으려는 이유를 생각해 보면 더 명확하다. 중학생에게 유치원생은 권위를 갖기에는 너무 어린, 그냥 아이일 뿐이다.

하지만 이러한 권위에 복종하는 과정에는 큰 부작용이 따른다. 생각하는 법을 잊어버리게 만든다는 점이다. 결론이 정해지고 나서 이유를 찾는 일은 어렵지 않다. 그 결론이 바뀌지 않는다면 이유는 아무래도 상관없으니 말이다. 당연히 사람들은 자신이 좋아할 만한 이유를 찾게 된다. 그러다 시간이 지나면 그러한 이유 찾기도 하지 않게 된다. 어차피 의미 없는 일 아니겠는가. 그냥 결론만 외우는 선에서 마무리한다.

만약 시간이 지났음에도 어떤 부당한 지시에 화가 가라앉지 않거나 인간적인 굴욕감을 느껴 참을 수 없으면 반항을 한다. 하지만 반항하는 사람은 이미 논리적이지 않다. 그러다 보니 사회의 온갖 갈등이 타협할 수 없을 것처럼 느껴진다. 학교에서 일어나는 선생님과 학생들의 의견 다툼을 생각해 보라. 강요와 반항만 있을 뿐 어떻게 해결해야 하는지는 아무도 모른다.

사실 권위의 긍정적인 측면으로 지식의 전달을 효율적으로 하게 만든다고 한 앞에서의 평가는 권위가 지극히 수동적인 개인에게 미치는 영향을 기준으로 한다. 지식의 전달은 개인과 개인 사이에서 일어나는데, 그 둘 사이에 존재하는 권위가 지식을 한 방향으로 흐르게 만드는 것이다.

그럼 권위가 우리의 사고과정에 미치는 영향은 무엇일까? 비판이나 평가는 관점에서 시작되는데, 그 관점을 스스로 습득하지 않은 경우 반드시 권위가 동반된다. 권위는 어떤 관점을 믿게 만들고 편견은 그 관점을 보호한다. 하지만 권위의 역할은 그것이 전부가 아니다. 권위는 그렇게 습득한 관점을 전파시킨다.

사람은 고립적인 동물이 아니다. 누군가를 같은 편으로 만들고 함께 살아가기를 원한다. 그러기 위해서 가장 필요한 것은 생각의 공유이다. 생각의 공유를 가장 빠르게 진행하려면 주입하면 된다. 우리가 주입식 교육을 통해 많은 지식을 습득한 것처럼 말이다. 이런 주입의 과정에서 권위는 다시 그 역할을 빛낸다. 내 의견보다는 권위자의 의견이 더 효과적이지 않겠는가?

믿음이 내가 습득한 관점을 스스로 보호한다면 편견은 타인으로부터 그 관점을 보호하게 만든다. 그리고 권위는 관점을 습득하게 만드는 동시에 타인에게 그 관점을 전파시키는 역할을 한다. 권위주의가 사회에 팽배해 있으면 사회는 소수의 생각에 쉽게 지배받게 된다. 또한 권위에 의존하는 분위기는 생각의 깊이를 스스로 제한하게 만들기도 한다. 책을 읽는 데 있어서도 권위가 한계를 설정하는 것이다.

책을 쓴 사람은 그 책으로 인해 그 분야의 권위자가 된다. 실제로 권위자인지는 모르겠지만 권위자로 인정받는다. 그 의미는 책을 읽는 사람은 매 순간 권위자의 말과 대면해야 된다는 뜻이다. 그렇다면 당신은 권위자를 비판할 수 있는가? 이 질문은 '당신은 비판적으로 읽을 수 있는가?'라는 물음이다.

한국 사회는 권위주의 사회이다. 조선시대가 그랬고, 해방 후 민주주의가 도입되었지만 독재자들에 의해 그렇게 되고 말았다. 권위주의를 인식하고 문제제기를 시작한 것은 어쩌면 권위 갖기를 싫어했던 어떤 대통령 이후부터였는지 모른다. 물론 문제임을 인식했을 뿐 여전히 권위주의가 타파된 것은 아니다. 지금도 의사, 변호사, 교수 등 각 분야의 전문가라는 사람들은 자신의 권위를 내세우면서 권위주의를 이식시키려고 한다.

혹시 전문가를 무조건 불신하는 사람을 보았는가? 분명 의사나 변호사의 지식을 사기꾼의 입놀림이라고 평가하는 사람들이 있다. 이런 사람들은 전문가를 믿다가 피해를 본 경우가 대부분이다. 전문가라고 해서 믿었던 그 믿음에 배신으로 보답을 받은 것이다. 그리고 그 배신은 불신으로 바뀌어서 그 사람을 지배한다. 하지만 이 역시 믿음과 불신 둘 중 하나의 선택일 뿐이다. 어디에도 논리를 통한 비판은 존재하지 않는다.

전문가들도 틀릴 수 있다. 단순 확률적으로 어떤 문제에 대해 전문가의 말이 맞을 확률은 50퍼센트이다. 다만, 우리가 그들에게 80퍼센트 이상의 확률을 부여하고 믿을 뿐이다. 책을 읽을 때 의식적으로 저자라는 전문가의 권위에서 벗어나야 한다. 노벨 경제학상을 받았든 노벨 물리학상을 받았든 저자도 우리와 똑같은 인간이다. 권위에서 벗어나자. 모두 불완전한 인간이 불완전한 인간에게 부여한 것일 뿐이다. 우리는 평등하다. 같은 인간으로서 의심하고 판단해 보자.

권위의 무게에 짓눌려서 자신의 관점에 대한 믿음을 유지하거나 바꾼다면 책은 읽어서 뭐하겠는가? 한 번 생각해 보자. 내가 어떤 권위에 맞설 수 없는지 말이다.

너 자신을 보라

나는 무엇을 모르는가?

●

EBS에 〈부부가 달라졌어요〉라는 프로그램이 있다. 심리치료와 대화를 통해 부부 사이의 문제를 해결하는 과정을 보여 준다. 워낙 자극적인 장면도 있고 공감 가는 부분도 있어서 온 가족이 방송 시작과 동시에 눈을 떼지 못한다. 어머니는 우리 부부도 저기 나가야 한다면서 아버지께 대놓고 협박 아닌 협박을 하신다. 불쌍한 아버지!

사실 재미있다. 부부 사이의 문제는 워낙 당사자만 알 수밖에 없기도 하고, 싸움 구경이 제일 재미있기도 하다. 그런 은밀함과 자극성이 프로그램의 몰입도를 급격히 높여 준다. 그런데 이 프로

그램을 보다 보면 늘 깨닫게 되는 부분이 있다.

부부가 방송에 출연하는 과정은 비슷하다. 서로에게 불만을 갖게 되고, 그 불만을 표출하는 방법으로 싸움이 일어난다. "부부싸움은 칼로 물 베기"라고 했으니 큰 문제는 없으리라 생각할 수도 있지만 그들은 그 물 베기를 못한다. 그러다 보니 싸움으로 인한 상처가 남게 되고, 치료하지 않은 상처가 곪을 대로 곪고 나서야 방송국에 사연을 신청하게 된다. 물론 방송에 나와서도 계속 싸운다.

이때 싸움의 원인은 항상 상대방에게 있는 것처럼 보인다. 하지만 심리치료사는 누구 한 사람의 잘못을 가려내려 하지 않는다. 서로를 이해시키려 하거나 불만을 표출하는 사람에게 그것이 왜 불만이냐고 되묻는다. 마치 모든 원인은 스스로에게 있음을 알려주기라도 하듯……. 그런데 그 과정에서 변화가 시작된다. 과거를 돌아보면서 자신이 갖고 있던 불만의 실체를 확인하게 되는 것이다. 결국 모든 문제는 상대방이 아닌 자신으로부터 시작된 경우가 더 많았다. 다만, 그것을 서로 보지 못했을 뿐이다.

《손자병법》에 나오는 유명한 이야기가 있다. 바로 "지피지기(知彼知己) 백전불태(百戰不殆)", 즉 "적을 알고 나를 알면 백 번 싸워도 위험하지 않다."는 뜻이다. 우리가 공공연히 쓰는 백전백승은 정확한 말이 아니다.

위에서 언급한 부부간의 다툼도 상대방에게 문제가 있다기보다는 자신에게 문제가 있는 경우가 더 많았다. 자신의 문제를 알지 못해서 해결이 안 됐던 것이다. 그렇다면 지식의 축적과정에서 나 자신을 아는 것은 어떨까? 그것이 필요하긴 한 걸까?

미국의 소설가 프랭크 허버트(Frank Herbert)는 "우리가 이해하지 못하는 뭔가를 발견할 때 지식은 시작된다."고 했다. 즉, 뭔가를 배우기 위해서는 내가 모르는 것이 무엇인지 알아야 한다는 뜻이다. 나는 이 말을 좀 더 확장해서 해석하고 싶다. 내가 어떤 사회에서 무엇을 보고 배우면서 성장하는지를 알아야만 폭넓은 지식을 습득할 수 있다는 의미로 말이다. 그래서 질문하고 싶다. 한번쯤 생각해 보자.

"당신은 어떤 환경에서 자랐습니까? 당신의 어린 시절은 부유했나요, 가난했나요? 학교는 어땠습니까? 특목고를 나왔습니까, 일반고를 나왔습니까? 혹시 명문대를 나왔나요, 아니면 지방대를 나왔나요? 주변 사람들도 궁금하네요. 주변에 부자들이 많습니까, 빈곤층이 많습니까? 어떤 신문을 보고 자랐죠? 가정교육은 어땠습니까?"

이런 질문을 하는 이유는 당신이 어떤 환경에서 자랐는지를 알아보고 싶어서이다. 당신이 알고 있는 지식은 당신의 환경에서 왔다. 우리가 일본에서 태어나 살았다면 독도를 대한민국 땅이라고 생각하지 않았을 것이다. 그러니 내가 어떤 생각을 갖고 있는지는 나의 환경을 살펴 보면 알 수 있다. 내가 모르는 걸 아는 것은 배움에서 중요하다. 하지만 더 중요한 것은 나 자신이 무엇을 모르는지 정확히 아는 일이다.

플라톤도 말하지 않았나? 소크라테스가 다른 사람보다 현명한 이유는 그가 자신이 무엇을 모르는지 알고 있기 때문이라고. 그 자체만으로 소크라테스는 다른 현자들보다 현명하다는 것이다. 자신의 무지함을 깨닫는 일, 그것이 지식을 습득하기 위한 가장 기본이며 마지막까지 취할 자세이다.

바지 주머니를 뒤집어라
●

지금까지 우리는 '관점'을 출발점으로 해서 그 관점을 강화시키는 '믿음'에 대해 이야기했고, 그 믿음을 보호하는 '편견'에 대해 이야기했다. 바로 전에는 우리 사회에 엄연히 존재하는, 권위를 통해 관점을 습득하고 믿음을 강화시키며 다시 믿음을 전파하는 '권위주의'에 대해 알아보기도 했다.

이러한 특정 관점에 대한 믿음, 편견, 권위에 대한 복종은 누구라도 예외 없이 책을 읽을 때 바지 주머니에 넣고 시작한다. 그런데 그런 원초적 생각들이 우리의 독서를 방해한다. 누군가를 객관적으로 보려 할 때마다 장애물이 되어 시야를 흐리게 만든다.

우선 어떤 관점에 믿음이 존재하면 우리는 잘 의심하지 않는다. 편견도 비슷하다. 인식하고 있어도 쉽게 바뀌지 않는다. 오히려 항상 편견을 강화할 수 있는 증거를 찾으려 한다. 그럼 권위는 어떤가? 앞에서도 말했듯 권위자에게 복종하는 편이 합리적이라고 믿고 싶어지지 않는가? 물론 이러한 믿음, 편견, 그리고 권위에 대한 복종을 한 번에 제거할 수는 없다. 쉽게 바꿀 수도 없다. 불가능하다. 만약 그것을 쉽게 바꿀 수 있다면 우리는 비판적으로 책을 읽을 필요가 없을 것이다. 진정 우리에게 필요한 것은 우리 자신을 아는 것이다. 우리가 어떤 관점의 믿음과 편견과 권위에 복종하고 있는지 알아야 한다.

책도 마찬가지다. 책은 작가라는 사람이 쓴다. 작가 역시 한 사회 속에서 특정 관점을 취했고, 그 관점을 출발점으로 삼아 글을 쓴다. 모든 인간이 환경에 의해 영향을 받듯 작가도 한 인간으로서 자신의 환경에 영향을 받는다.

만약 독자가 스스로를 되돌아볼 수 있다면 작가의 의도 역시 알 수 있다. 그가 풀어내는 논리에서 그의 관점, 믿음, 편견, 그리고 권위에 대한 자세까지도 알 수 있다. 작가가 갖고 있는 관점과 믿음과 편견, 그리고 권위에 대한 복종에 나를 맡기지 말자. 무엇을 판단하기 전에 판단의 도구인 내가 판단의 주체가 되어야 한다. 나 자신이 이 사회에서 어떻게 영향을 받았고 어떤 생각을 하는지 먼저 생각해 보자.

4장

책을 삼키기 전에
알아야 할 것들

읽을 책 고르기

나만의 보기를 만들자

●

대형서점에 들어서면 책이 내뿜는 황홀함에 취한다. 수많은 책들이 자극적인 제목을 걸치고 야릇한 눈빛을 보낸다. 아무 생각 없이 들어갔다가 그 홀림에 넘어가서 덥석 책 한 권을 산다. 그렇게 고른 책은 외모는 화려하지만 그에 걸맞은 내면을 갖고 있지는 않다. 겉과 속은 같지 않다는 자연의 이치와 비슷하다. 겉표지에만 선택과 집중을 했구나 싶다. 또 상술에 이성을 잃은 것이다.

독서를 해보려고 마음을 크게 먹었지만 시작부터가 쉽지 않다. 베스트셀러 코너를 기웃거려 보기도 하고 스테디셀러 코너를 기웃거려도 본다. 하지만 다수결이 꼭 진리를 말해 주지는 않는다는 사실만 확인한다. 어렵게 먹은 마음이 떠나갈까 조바심이 난다. 이런 곤란함은 어떻게 극복해야 하는 걸까?

누구도 불필요한 책을 읽으면서 시간을 낭비하고 싶지 않다. 시간이 돈이고 인생인 시대이다. 그런 혼잡 속에서 구원을 받으려면 스스로 책에 대한 기준이 있어야 한다. 소설과 비소설 혹은 정치, 경제, 철학 같은 형식적 분류만 알아서는 책을 고르기가 쉽지 않다.

사실 독서를 취미로 갖고 있다면 책에 대한 안목은 자연스럽게 찾아온다. 어떤 책을 피하고 어떤 책을 환영해야 하는지가 명확해진다. 하지만 독서를 취미로 삼고 싶은 사람에게는 아직 그런 안목이 있을 리 없다. 안목이 없으니 책 고르다가 독서를 포기하는 경우가 발생한다. 정확히는 형편없는 책에 마음을 다쳐서 독서를 그만두게 된다.

일반적으로 주관식 시험보다는 객관식 시험이 쉽다. 객관식 시험의 보기는 정답을 고를 확률을 높여 주기 때문이다. 책 선택에서도 그런 보기가 있다면 훨씬 쉽지 않을까? 당연하다. 그럼 주관식 시험을 어떻게 객관식 시험으로 만들 수 있을까? 쉽게 생각하자. 스스로 보기를 만들면 된다. 그러기 위해서는 우선 책을 분류할 수 있어야 한다. 책을 나만의 기준으로 분류할 수 있다면 나만의 보기를 만들 수 있게 된다. 그렇다면 책 선택의 보기는 구체적으로 어떻게 만들어야 할까?

독일의 철학자 헤겔(Hegel)은 세상에 존재하는 생각의 변화를 설명하고 싶었다. 도대체 우리의 생각은 왜 변하는 것인지를……. 그는 그 설명을 위해 변증법을 주장한다. 특히 정(正), 반(反), 합(合)이라는 개념이 그가 주장하는 변증법의 핵심이다. 즉, 세상에 존재하는 사물이나 관념은 그 자체에 모순이 들어 있다. 다만, 겉으로 쉽게 드러나지 않을 뿐이다. 모순이 드러나지 않은 상태를 헤겔은 '정'의 상태라고 한다. 그러다 서서히 모순이 드러나 완전히 나타난 상태를 '반'이라고 한다. '정'과 '반'이 나타나면 당연히 서로 충돌해 누가 옳은지 치고받으며 싸우게 되고, 그러다가 결국에는 타협을 이루게 되는데, 그것이 바로 '합'이라는 얘기이다.

예를 들어서 설명해 보겠다. 우리 몸속에는 암세포가 항상 내재하고 있다고 한다. 평소에는 활동을 하지 않고 조용히 있을 뿐이다. 암세포가 활동을 하지 않을 때 사람은 건강하다. 이러한 상태를 우리는 '정'이라고 부를 수 있다. 그러다가 과도한 스트레스로 몸이 약해지면 몸속에 있던 암세포가 활동을 시작한다. 그때부터 그는 암환자가 된다. 이는 '반'에 해당하는 상태이다. 암환자가 되면 어떻게 하겠는가? 당연히 치료를 한다. 그리고 치료과정에서 암세포와 암세포를 죽이려는 세포가 서로 싸운다. 그렇게 암세포를 치료하면 그 이후부터 그 사람은 암세포가 쉽게 재발할 수 있는 상태가 된다. 바로 '합'의 상태다. 인간의 몸속에 있던 암세포는 일종의 '모순'이었던 셈이다.

이 같은 헤겔의 변증법은 책을 분류할 때에도 유용한 도구가 된다. 책은 이 세상에 존재하는 생각의 표현이다. 현실에 존재하는 생각이나 관념이 변하면 그에 따라 책도 변할 수밖에 없다. 변증법을 책에 도입해 보자. 기존의 관념인 '정'을 주장하는 책들이 있다. 사실 이런 책들이 대부분이다. 그리고 그런 책들의 내용에서 모순이 발견되면 그 모순을 지적하는 '반'에 해당하는 책들이 등장한다. 그 후 그 '정'과 '반'은 서로 다투다가 결국 '정'과 '반'에 해당하는 책 속 생각들이 하나로 정리됨으로써 '합'이 된다. 그 과정을 거치고 나면 '합'에 해당하는 책들이 새로운 관념을 이룬다.

책을 읽으면서 옳고 그름을 따지는 이유는 '생각'을 변화시키기 위함이다. 생각을 바꾸거나 혹은 더 단단하게 만들 수 있다. 때문에 책을 분류할 때도 생각의 상태에 따라 분류해야 한다. 어떤 책은 변증법의 '정'에 해당하고 어떤 책은 '반'에 해당한다. 시간이 지나서 '합'이 되고, 그 '합'은 다시 새로운 '정'이 된다. 이 기준으로 구별하면 책은 '비판적 시각이 담긴 책'과 '기존의 시각을 담은 책'으로 구별할 수 있다.

어떤 책을 읽을까?

●

시간은 모든 것을 사라지게 한다. 인간은 물론 나무나 돌 같은 자연의 일부분도 영원하지 않다. 책도 예외가 아니다. 과거부터 지금까지 수많은 책들이 태어났지만 제목만이라도 살아남은 책들은 그리 많지 않다. 우리가 말하는 '고전'은 어쩌면 멸종위기의 책을 보호하기 위한 자연보호구역 같은 것일지도 모른다. 그리고 살아남은 책 혹은 제목이라도 남아 있는 책을 지금 평가해 보면 비판적 시각이 담긴 책들이 상당히 많다. '반'에 해당하는 책들이다.

지구가 세상의 중심이고 태양이 지구를 중심으로 돌고 있다고 믿던 시절, 이 믿음을 비판한 책이 있었다. 바로 코페르니쿠스의 《천구의 회전에 관하여》이다. 다윈의 《종의 기원》도 당시 지배적이던 창조설을 간접적으로 비판하면서 살아남았다. 마르크스의 《자본론》은 또 어떤가. 경제학의 아버지인 애덤 스미스의 《국부론》을 비판하면서 지금에 이르렀다. 노벨 문학상을 받은 수학자이면서 철학자인 버트런드 러셀도 자신의 책 《서양철학사》에서 소크라테스부터 시작하여 칸트, 쇼펜하우어, 니체, 로크, 루소 등을 같은 무대에 세워 놓고 비판했다. 소설 부문에서는 톨스토이를 빼놓을 수 없다. 톨스토이는 《부활》에서 러시아 정교회를 비판하며 귀족계급의 과도한 토지 소유에 의문을 나타냈다. 모두 비판적인 시각을 담은 책들이다. 이러한 책들이 살아남은 이유가 무엇일까? 단순히 비판적 시각만을 담았기 때문일까?

자연과학, 사회과학 할 것 없이 모든 학문에는 의견 대립이 있다. 어떤 현상을 놓고 설명하는 방식이나 접근하는 방식이 다르기 때문이다. 그런 다름은 다양한 학설을 만들고, 지지하는 학자의 숫자에 따라 다수설과 소수설로 분류된다. 물론 다수설이라고 해서 정답은 아니다. 소수설이 시간이 지나면 다수설이 되기도 하며, 논리성만 본다면 다수설보다 소수설이 오히려 더 치밀할 때가 많다. 다수에 저항하기 위해서는 남들이 '예스'라고 할 때 혼자 '노'를 외쳐야 한다. '노'를 외친 소수가 확실한 근거를 대지 못하면 살아남지 못한다.

비판적 시각을 담은 책들이 살아남은 이유는 이 소수설의 생존 원리에서 찾을 수 있다. 기존의 생각이나 관점을 비판하기 위해서는 기존의 생각이나 관점보다 논리적으로 우수해야 한다. 그뿐만이 아니다. 근거도 확실해야 하고 객관적이어야 한다. 그렇지 않으면 설득력이 떨어져 읽히지 못하고 사라져 버리지 않겠는가. 또한 역사적으로 비판적 시각은 항상 변화의 중심에 있었다. 창조론에서 진화론으로의 진화에 다윈의 《종의 기원》이 있었고, 자본주의 시스템을 당연시하던 시기에 자본주의의 문제점을 폭로한 《자본론》이 등장했다. 역사의 변화에 출발점을 알린 책들이니 지금까지 살아남은 것은 당연해 보일 수도 있다. 그런 책의 존재가 역사의 일부이니 말이다.

그러면 독서를 시작하는 시점에서 책읽기를 통해 새로움을 얻기 위해서는 어떤 부류의 책이 좋을까? '기존의 시각을 담은 책'이 적당하다. 현재를 지배하고 있는 가치관이나 관념을 바탕으로 논리를 전개하는 책들은 그 특성으로 인해 그냥 읽어서는 새로움을 얻을 수 없다. 알고 있는 사실을 확인할 뿐이다. 따라서 책에서 전개하는 논리를 의심하고, 나아가 작가의 의도나 책이 추구하는 목적 등을 확인하기가 좋다. 그 책의 관점을 파악한다면 금상첨화이다.

그러나 '비판적 시각을 담은 책'은 그럴 필요가 없다. 이미 책에서 기존의 관념을 설명하고 그 관념을 의심하며 비판한다. 즉, 새로운 관점을 제시하려고 노력한다. 대개 기존의 관점이나 생각에 익숙한 독자는 책의 내용을 따라가는 것만으로도 비판적 책읽기를 할 수 있다. 물론, 시간이 지남에 따라 이러한 책들이 새로움을 방해하는 책들로 전락하기도 한다.

앞에서 독서로 '믿음'을 만들면 안 된다고 했다. 이는 무언가를 추종해서는 안 된다는 의미이다. 책에서 옳고 그름을 따져야 하는 이유는 이런 특정 관점의 믿음과 편견에서 벗어나 자신의 생각을 갖기 위함이다. 그런 측면에서 볼 때 앞서 말한 두 종류의 책 중 어떤 것이 더 믿음과 편견을 쉽게 만들까? 당연히 '비판적 시각'이 담긴 책이다.

어떤 책이 기존의 관념을 비판하면서 살아남았다는 것은 논리성과 설득력이 뛰어나다는 반증이다. 사람들이 훨씬 쉽게 매료된다. 더 나아가면 '기존의 시각'을 완전히 무시하는 방향으로 발전할 수도 있다. 하지만 이는 또 다른 믿음에 지배당한 상태이다. 그래서 더 어렵다. 책이 갖고 있는 논리성이나 설득력이 뛰어나면 그 책을 읽는 입장에서는 비판하기가 훨씬 힘들어진다.

그러려면 내 생각의 중심이 어디인지 알아야 한다. 내 생각의 출발점인 관점이 무엇인지 확인할 필요가 있다. 의견을 들을 때는 한쪽으로 완전히 치우쳐 있어도 상관없지만 중심으로 돌아올 수 있어야 한다. 믿음이 두렵다고 해서 어떤 생각도 깊게 들어가지 않으면 책을 읽을 필요가 없다. 나의 생각이 틀릴 수도 있고 작가의 생각이 틀릴 수도 있다는 가능성을 열어두자. 가능성만 열어 둔다면 언제든지 다시 중심으로 돌아올 수 있을 것이다.

책읽기에 다가가기

독서의 단계

이 세상에는 독서만을 위한 책이 존재한다. 그런 책들은 순수하게 독서를 돕기 위해 출판된다. 크게는 두 가지이다. 하나는 책을 설명해 주는 소위 '메타북'이고, 다른 하나는 책을 어떻게 읽어야 하는지 알려 주는 '독서법'에 관한 책이다.

'메타북'이란 용어가 낯선가? 어떤 사물을 나타내는 명사 앞에 메타(meta)라는 낱말이 붙으면 그 명사를 '탐구하는'이라는 의미가 된다. 따라서 메타북은 '책을 탐구하다'라는 의미이다. 다시 말하면 '책에 관해 설명해 주는 책'이라는 뜻이다. 일종의 서평을 엮은 책일 수도 있고 그냥 책과 관련된 이야기를 담은 책일 수도 있다.

책을 설명하는 '메타북' 시장은 아직은 경쟁이 덜한 반면, 독서법에 관한 책은 이미 레드오션이다. 경쟁자가 차고 넘친다. 수많은 수요가 있었고, 그 수요에 맞춰 다양한 방법이 나와 있다.

지금부터 설명하려는 '독서의 단계'는 레드오션인 '독서법'과 관련이 있다. 책 선택을 도와주는 게 '메타북'의 영역이라면, 그렇게 고른 책을 어떻게 읽어야 하는지 알려주는 것이 '독서법'의 영역이다. 그런데 이 독서법은 하나의 전제를 바탕으로 설명한다. '당신이 지금 읽는 방법보다 책을 더 잘 읽을 수 있는 방법이 존재한다. 그러니 내가 이야기하는 대로 읽어보라'는 전제! 결국 이는 독서에 단계 혹은 수준이 있음을 암시한다.

이제 독서에 단계가 있다고 생각하게 되었는가? 경험적으로 보면 독서의 단계는 있다. 어린 시절 동화책 읽기와 성인이 된 후의 대중 교양서 읽기는 다르다. 초등학생이 대학생들이 보는 전문서적을 읽기는 분명 어렵지 않은가? 그럼에도 막상 어떻게 다른지 설명하기는 쉽지 않다.

미국의 철학자이자 교육사상가인 모티머 제롬 아들러(Mortimer Jerome Adler)는 자신의 책《독서의 기술》에서 독서를 4단계로 나누어 설명한다.

1단계는 처음 책을 읽는 단계를 말한다. 이를 초급독서라고 하는데, 책에 있는 단어를 이해하고 그 단어를 바탕으로 문장을 이해한다. 그다음 이해한 문장을 바탕으로 글을 이해한다. 쉽게 말해서 책을 단순히 이해하는 정도에 그침을 말한다. 책의 내용이 옳은지 그른지, 책에 어떤 저의가 숨어 있는지는 알 수 없다. 단순하게 글자가 지시하는 내용만을 알 뿐이다.

2단계는 점검독서라는 명칭을 붙인다. 이는 책을 전체적으로 살펴보는 단계로, 글을 이해하는 차원을 넘어서서 글 전체의 의미를 파악하는 것이다. 무엇이 주장이고 그 주장의 논거는 무엇인지를 알 수 있게 된다. 나무가 아닌 숲을 보는 과정이다.

3단계는 분석독서라고 한다. 이 정도 수준의 독서에서는 책이 무엇에 관한 것인지 분별하고 그 내용을 분석하면서 해석한다. 그다음 그렇게 해석한 내용을 비판적으로 바라본다.

마지막 4단계는 신토피칼(Syntopical)독서이다. 이 명칭을 해석해 보면 '신(Syn)'은 '함께, 동시에'라는 의미이고, '토피칼(topical)'은 '시사적인, 화제가 되는'이라는 뜻이다. 즉, 여러 책을 동시에 본다는 의미가 담겨 있다. 아들러는 이 마지막 단계인 '신토피칼독서'를 최고의 독서 단계로 꼽는다. 신토피칼독서 단계에서는 자연스럽게 책을 비교하면서 읽게 된다고 한다. 그리고 그 비교가 다양한 시각을 제공해 주며, 비교 속에서 많은 것을 얻어 갈 수 있다고 한다. 특히 학문을 연구하는 사람에게 추천하는 단계이다.

사실 이 《독서의 기술》이란 책은 독서법에 관한 고전이라고 이름 붙일 만하다. 우리나라에도 그 책에 관한 해설서까지 몇 권 출판되어 있을 정도이니 그 명성을 짐작할 만하다. 하지만 그렇다고 그 내용이 모두 타당하다는 말은 아니다.

우선 독서의 4단계를 잘 보면 독서의 형식적 방법과 실질적 방법을 혼동하고 있다. 1단계부터 3단계까지는 한 권의 책을 이해하는 단계로 구별하다가 마지막 4단계에서는 여러 권의 책을 비교하며 읽는다고 했다. 이는 책 자체를 이해하는 실질적 독서법을 설명하다가 마지막에는 여러 책을 봐야 한다는 형식적 독서법으로 마무리한 것이다. 하나의 체계를 형성하려면 똑같은 기준을 적용해야 한다. 예를 들면, 책 자체를 자세히 읽어서 충분히 이해할 수 있는 '정독'과 많은 책을 읽는 '다독'을 같은 선상에 놓고 구별하면 안 된다는 말이다.

그래서인지 네 번째 단계인 신토피칼독서를 아들러는 다시 세부적으로 설명한다. 그는 여러 책을 동시에 읽으면서 논점을 파악한 후 그들 사이의 차이를 비교하라고 말한다. 그렇게 하면 한쪽의 관점에 치우치지 않고 종합적으로 문제를 바라볼 수 있다는 것이다.

그 부분에는 동의한다. 하나의 주제에 관해 여러 책을 동시에 보면 자연스럽게 비판적 시각이 형성된다. 이 책의 주장을 다른 책에서 반박할 수 있으며, 다른 책의 주장을 이 책에서 반박할 수도 있기 때문이다. 하지만 이는 수동적인 독서가 된다. 스스로 비판하지 못하고 다른 책의 도움을 받아서 비판하는 꼴이다.

분명 1단계부터 스스로 주체적으로 이해하는 독서를 전제로 설명하다가 4단계에서는 수동적 책읽기를 전제로 설명하고 있다. 물론 그는 4단계도 능동적으로 해야 한다고 하지만 단계 분류의 전제가 다르다는 점에 문제가 있다.

어쩌면 이러한 비판은 크게 중요하지 않을 수 있다. 추측건대, 그는 최고의 단계를 추천하고 싶었을 것이고, 기존의 3단계보다 훨씬 높은 수준의 독서 단계가 있음을 말하고 싶었을 것이다. 내가 이렇게 스스로의 비판에서 한 발짝 물러서는 이유는《독서의 기술》이라는 책이 일반적인 독서의 단계를 잘 설명해 주고 있기 때문이다. 그 점은 분명 그 책으로 하여금 독서법의 '고전'이라는 보호막을 가질 수 있게 한다.

제3자가 돼라

●

아들러가 말한 '신토피칼독서'는 충분히 가치가 있다. 누군가를 판단하는 데 있어 한 사람의 주장만을 듣고 판단할 수는 없지 않은가. 판사가 피고인에게 유죄를 선고할 때도 검사의 주장과 변호사의 반박을 같이 들어야 한다. 그래야만 균형 잡힌 판결이 가능하다.

하지만 일반인들이라면 어떨까? 과거 우리나라에는 배심원 제도가 없었다. 그러다가 2008년 국민참여재판이 시행되면서 피고인의 신청에 따라 배심원이 참여하는 재판이 열리고 있다. 국민의 눈

높이에 맞춘 재판을 해보자는 취지이다. 이때 재판에 참여하는 배심원들은 법조인이 아닌 일반인들이다. 그러다 보니 배심원들은 유·무죄를 판단하기가 너무나 어렵다고 고충을 토로한다. 검사의 말을 들으면 피고인이 유죄인 것 같다가 변호사의 말을 들으면 또 무죄라는 생각이 든다는 것이다.

왜 그럴까? 왜 판사와 다르게 그들은 판단에 어려움을 겪을까? 이유는 간단하다. 판사는 유·무죄의 기준을 갖춘 상태에서 검사와 변호사의 의견을 듣는다. 주장 자체를 비판적으로 본다는 말이다. 그러나 배심원들에게는 검사와 변호사 주장의 부당함을 판단하는 기준이 없다. 이리저리 치우칠 수밖에 없는 이유이다.

배심원들이 찬성 쪽 의견과 반대쪽 의견을 듣는 모양새는 아직까지는 다분히 형식적이다. 공정성을 담보하기 위한 형식적 절차일 뿐 한 사람의 운명을 결정하는 방법으로는 충분치 않다. 누가 더 설득력이 있는가에 따라 피고인의 운명을 결정할 수는 없지 않은가!

독서도 그와 같다. 여러 책을 동시에 보면 더 논리성이 뛰어난 책 쪽으로 기울기 마련이다. 스스로에게 책 자체를 판단하는 기준이 없으면 배심원들처럼 이리저리 치우치게 된다. 이는 책을 제대로 볼 수 없다는 뜻이다.

우리가 추구하는 책읽기는 책을 통해 자신의 생각을 가질 수 있어야 한다. 여러 책을 동시에 읽고 그 주제를 파악할 때도 마찬가지다. 기준이 필요하다. 나는 이러한 독서를 '중용(中庸)'에 빗대고 싶다. '중용'이란 무엇인가? 단순 의미로는 어느 쪽에도 치우치지 않음을 말한다. 하지만 이에 대해 동양철학자인 도올 김용옥 선생은 '중용'을 다음과 같이 설명한다.

> "중용은 가만히 중간을 지킨다는 의미가 아니다. 중용은
> 이쪽저쪽 다 가 본 뒤에 중심을 잡는 것이다."

제대로 된 책읽기, 즉 옳고 그름을 따지는 비판적 책읽기의 시작은 '이해'이다. 낱말을 이해하고, 문장을 이해하고, 글을 이해해야 한다. 이해하지 못하면 따져 볼 수가 없다. 비판적 읽기가 어려운 이유는 어쩌면 이해의 단계를 제대로 해내지 못하기 때문일 수도 있다.

이해의 단계에서 저자의 주장이 무엇이고, 주장의 근거가 무엇인지 파악할 수 있어야 한다. 이 과정이 충분치 못하면 비판 역시 배추조차 썰기 힘든 칼이 된다. 책을 이해하는 것이 우선이고 비판은 그다음이다. 그리고 책을 이해했다면 다시 제자리로 돌아와야 한다. 저자의 입장에서 이해했다가 다시 제3자의 입장으로 돌아와야 한다는 뜻이다. 돌아오지 못하면 비판할 수 없다.

이 돌아온 지점에서 저자의 관점을 생각해야 한다. 저자가 쓴 책의 내용은 저자의 관점을 통해서만 하나의 명확한 논리로 설명될

수 있다. 내용을 이해하고 저자의 관점을 파악해야지만 그 책을 완전히 이해했다고 말할 수 있다는 뜻이다.

책을 비판적으로 읽으라고 하니 문장 하나하나를 평가하고 판단해야 하는 것으로 생각하기 쉽다. 하지만 이는 오해이다. 그런 방식으로 읽는다면 책을 이해하기 힘들다. 책은 저자가 자신의 큰 생각을 보여 주기 위해 작은 생각들을 모아 놓은 형태이다. 그런데 문장 하나의 옳고 그름을 따진다면 어떻게 큰 생각을 알 수 있겠는가! 문장이 아닌 책을 이해하고, 그 이해를 바탕으로 비판하는 것이 책을 읽는 올바른 방법이다. 오해하지 말자.

책 꼴 확인하기

책 생김새 뜯어보기

철학은 기원전 624년에 태어나서 기원전 545년에 사망했다고 추정되는 탈레스(Thales)라는 사람으로부터 시작되었다. 소크라테스보다 150년 전에 태어났다. 탈레스가 유명해진 이유를 아는가? 바로 '세상 만물의 근원은 무엇인가?'라는 질문에 대한 답을 했기 때문이다.

혹시 '4원소설'이라고 들어보았는가? 이 세상은 네 가지 원소로 이루어졌는데, 그 원소는 다름 아닌 물, 공기, 불, 흙이라는 이야기 말이다. 이는 엠페도클레스(Empedocles)라는 철학자가 주장했다. 그가 이런 주장을 할 수 있었던 계기는 '탈레스'가 있어서였다. '만물의 근원은 무엇인가?'라는 탈레스의 질문을 이어받은 엠페도클레스는 만물의 근원은 '물'이라는 탈레스의 주장이 어딘가 불완전해 보였다. 그래서 그 주장을 비판적으로 바라보았고 '4원소설'을 주장하게 되었다. 정리하면, 탈레스는 이 세상을 하나의 통일된 원소로 설명하려는 관점이었고, 엠페도클레스는 그 관점을 거부하고 다원소설을 취한 것이다. 관점의 차이로 인해 둘의 이론은 다른 논리를 취할 수 밖에 없었다.

둘의 이런 관점의 차이를 벗어나서 그 둘의 내용상 차이를 살펴보자. 어차피 관점을 파악하기 위해서라도 우리는 둘의 주장을 파악해야 한다.

탈레스의 주장은 어떻게 느껴지는가? 합리적이고 타당해 보이는가? 쉽게 그렇다고 대답하지 못할 것이다. 처음 그 이야기를 들었을 때는 말도 안 된다고 생각했다. 그런데 현대 과학의 기준으로 보아도 탈레스의 주장은 일정한 설득력을 갖고 있다. 물론 역사적으로 탈레스의 1원소설은 4원소설에 의해 폐기되었다. 그리고 4원소설은 "일정 온도에서 기체의 압력과 그 부피는 서로 반비례한다."는 '보일의 법칙'을 발견한 로버트 보일(Robert Boyle)에 의해 비과학적인 학설로 판명되었다. 그렇다면 당연히 탈레스의 이론도 비과학적이라고 해야 한다.

하지만 탈레스는 완전히 틀리지 않았다. 요즘도 과학자들은 지구가 아닌 다른 행성에서 생명체를 발견하기 위한 전제로 '물'을 찾아 헤매고 있지 않은가! 그들은 물이 있어야 생명체가 존재할 수 있다고 믿고 있다. 어쩌면 만물의 근원은 정말 물로부터 시작되었을지도 모른다.

그럼에도 결론은 달라지지 않는다. 탈레스의 1원소설은 전체적으로 설득력이 떨어진다. 우리는 이미 원자와 분자를 알고 있으며, 1원소설이나 4원소설은 기억에서 사라진 역사일 뿐이다. 그런데 그 사라진 역사 속에 중요한 메시지 하나가 있다. 기억나는가, 탈레스가 유명해진 이유가 무엇인지? 그렇다. 세상 만물의 근원을 알고 싶어 했던 탈레스는 인류로 하여금 철학이라는 학문을 시작하게 만들었다. 탈레스의 질문이 우리가 존재하는 세상을 알게 해 주는 출발점이 되었기 때문이다.

하나의 사물을 정확히 판단하기 위해서는 겉모양만 보아서는 안 된다. 그 사물이 무엇으로 어떻게 이루어졌는지 알아야 한다. 컴퓨터의 모양은 컴퓨터를 말해 주지 않는다. 컴퓨터가 메인보드, CPU, 메모리카드 등으로 구성되어 있음을 알아야 컴퓨터를 아는 것이다. 특히 이는 컴퓨터가 고장 났을 때 무엇이 문제인지를 판단할 수 있게 해 준다.

책을 비판적으로 읽기 위한 첫걸음은 책을 이해하는 것이다. 누군가 한 말이 이해되어야 그 말이 진실인지 거짓인지 판단할 수 있다. 그렇다면 어떻게 해야 그 이해라는 걸 할 수 있을까? 탈레스가 세상을 이해하기 위해 만물의 근원을 질문했듯, 컴퓨터를 이해하기 위해서는 분해해 보듯, 책도 이해하려면 우선 책을 알아야 한다. 그러기 위해서는 먼저 책의 구조가 어떻게 되어 있는지 살펴볼 필요가 있다.

걸에서 보면 책은 그냥 종이의 묶음이다. 그 종이 위에 글자가 쓰여 있을 뿐이다. 그게 전부이다. 하지만 이런 분석은 독서에 전혀 도움이 되지 않는다. 지금은 물리학 시간이 아니라 인문학 시간이다. 책의 내용을 이루는 실질에 대해서 고민해 보아야 한다. 즉, 책은 작가의 관점이나 의도를 내포하고, 그것을 통해 자신의 사회적 의미를 발현한다. 이 모든 것에 글이라는 수단이 사용된다. 글 이외에는 어떤 힌트도 존재하지 않는다. 우리는 책을 이루는 글에서 모든 것을 찾아야 한다.

책을 구성하고 있는 가장 최소의 단위는 글자이다. 그 글자가 결합해 낱말이 된다. 이때부터 의미가 담긴다. 물건의 이름이기도 하고 사람의 행동이기도 하다. 전자를 명사라는 이름으로 묶어서 구별하고 후자를 동사라는 이름으로 묶어서 구별한다. 하지만 낱말은 일종의 뜻을 나타내기 위한 약속일 뿐이다. 사람이 말하고자 하는 의미를 담기에는 부족하다. 긍정적이거나 부정적인 느낌을 단어로 줄 수는 있지만 충분치는 않다. 책에 있는 낱말의 뜻을 모두 안다고 해서 책을 이해했다고 말할 수는 없다.

뭔가를 말하고자 한다면 당신은 문장을 만들어야 한다. 즉, 문장부터가 인간의 의도를 담을 수 있다. 하지만 문장 역시 하고자 하는 말을 담기에는 뭔가 부족하다. 한 문장으로 자기의 모든 생각을 논리적으로 전달하기는 불가능하다. 그래서 사람들은 문장을 모아 놓기 시작했다. 이때부터 논리도 시작된다. 논리란 생각의 연결고리를 문장과 문장을 통해 나타내는 것이다. 이렇게 문장을 모아 놓자 이번에는 하나의 단락이 되었다. 하나의 문장으로 말하지 못한 부분을 좀 더 분명하게 말할 수 있게 되었다. 그리고 그런 단락들을 나름의 순서를 정해서 배열하니 하나의 '글'이 되었다. 결국 책은 이런 '글'들의 모임이다.

이제 책을 한번 펴 보자. 아무 책이나 상관없다. 책을 손에 잡는 순간 가장 먼저 보이는 것은 제목이다. 제목은 문장일 수도 있고 낱말일 수도 있다. 의미는 있지만 의도가 쉽게 보이지는 않는다. 그렇다면 한번 펼쳐 보자. 보통 표지를 넘기면 작가가 누구인지 알 수 있다. 나는 지금 유시민의 《나의 한국현대사》를 펼쳤다. 그 책 표지의 날개(표지 안쪽으로 접혀 들어간 부분을 날개라고 한다.)에는 작가 유시민이 누구인지를 설명해 놓았다. 여기서 우리는 작가의 과거를 알 수 있다. 그리고 현재 하는 일도 알 수 있다.

누군가의 과거를 아는 일은 매우 중요하다. 한 인간이 거친 교육과정이나 직업은 그가 누구인지 설명해 준다. 빌 게이츠의 책을 읽으면서 가난에 대해서 알기를 기대할 수는 없지 않은가! 과거는 분명 현재를 설명해 주는 가장 좋은 도구이다.

몇 페이지를 더 넘겨 보면 등장하는 무엇이 있다. 바로 '서문'이다. '머리말'이라고도 하고 '들어가며'라고도 쓰는 등 다양하게 표현하는데, 이는 작가가 책을 다 쓰고 책에 대한 이야기를 하는 곳이다. 작가의 시선으로 자신이 쓴 책을 본 것이니 주관적인 요소가 많이 담겨 있다. 하지만 매우 중요하다. 이 책을 쓴 동기가 적혀 있기도 하고, 그 책의 내용이 요약되어 있기도 하다. 책에 관한 작가의 의도를 알 수 있는 유일한 부분이다. 책을 읽기 전에 반드시 읽어야 한다. 어떤 책은 '프롤로그(물론 본문과 연계해서 프롤로그가 별도로 있는 책도 있다.)'라고 되어 있기도 하다.

서문을 넘기고 나면 등장하는 것이 차례이다. 차례는 여행에 필요한 지도에 해당한다. 독서라는 여행을 떠날 때 반드시 가져가야 하는 필수품이다. 게다가 차례는 책을 선택할 때도 중요한 역할을 한다. 여행을 할 곳이 사막인지 정글인지는 지도를 보아야 알 수 있는 것처럼 좋은 책인지 나쁜 책인지는 차례를 통해 구별이 가능하다. 그래서 차례를 중요시하지 않는 사람은 독서를 해 보지 않은 사람처럼 생각된다. 반면, 요즘엔 내용과 상관없는 현란한 차례로 독자의 판단을 흐리는 책도 있으니 차례와 본문의 내용을 한두 부분 정도는 맞춰 보는 것이 좋다. 화려한 차례에 부실한 내용이 종종 눈에 띤다.

서문을 보고 차례를 넘기고 나면 본격적으로 책이 시작된다.

책의 차례를 다시 보자. 책은 정해진 틀이 있는 것은 아니지만 보통 몇 개의 '장(章)'으로 구성된다. '장'은 책에서 사용하는 가장 큰 글의 단위이다. 이 '장'이 모여서 하나의 책이 된다. '장'은 다시 여러 개의 '절(節)'을 갖고 있다. '절'은 '장'보다 작은 글의 묶음을 나타낸다. 이 '절' 안에 다시 수많은 문단이 있고, 그 문단은 여러 개의 문장이 더해진 형태로 이루어져 있다.

우리가 책을 이해한다고 할 때의 가장 기본적인 단위는 '절'이 되어야 한다. '절' 안에 서론-본론-결론의 순서가 들어 있기도 하고, 기-승-전-결의 흐름이 있기도 하다. 작가는 보통 하나의 '절'에서 하나의 생각을 표현한다. 작가의 논리가 부족하다는 것은 그 책의 '절' 안에 들어 있는 논리가 부족함을 말한다. 이는 당연하다. 여기서 우리는 간단한 사실을 하나 알 수 있다. 책을 이해한다는 뜻은 바로 '절'의 집합을 이해한다는 의미라는 것.

책은 하나의 주제를 한 권의 책 전체를 통해서 이야기하기도 하지만 그렇지 않은 경우가 더 많다. 왜냐하면 '절'이 하나의 논리 체계이기 때문이다. 유시민의 《나의 한국현대사》를 보자. 책의 제1장 제목은 '역사의 지층을 가로지르다.'이다. 그 '장' 안에는 다섯 개의 '절'이 있다. 차례에는 이 '절' 표시를 생략해 놓았다. 그냥 제목만 적어놓았다. 1절에 해당하는 부분의 제목은 '1959년 돼지띠'이다. 작가 유시민은 그 '절'에서 자신이 태어난 해인 1959년에 의미를 부여한다. 그러면서 한국 현대사를 1959년과 2014년을 비교하면서 설명할 것이라고 밝힌다.

　다시 한 번 강조하면, 우리가 책의 내용을 이해한다는 말은 '절'을 이해한다는 뜻이다. '절'은 '글'이라고 부를 수 있는 가장 기본적인 단위이다. 만약 '절'을 이해했다면 그다음은 절과 절의 관계를 생각해 보아야 한다. 지도로 본 곳을 실제 탐험하면서 머릿속에 기억하는 것이다. 여기에서 다시 차례의 중요성이 등장한다. 그리고 그 '절'이 모여 만든 '장'의 의미를 이해하고, 마지막으로 '장'과 '장'의 순서가 보여주는 의미를 생각하면 된다. 이렇게 하면 책을 이해하게 된다.

책에도 지도가 있다

●

　완성도 높은 책은 시작부터 끝까지 탄탄하다. 모든 부분이 작가의 큰 의도를 설명하는 데 기여한다. 그러나 그런 흐름에도 주제를 직접 설명하는 부분과 간접적으로 설명하는 부분이 있다. 즉, 핵심을 말하는 부분과 그 핵심을 보조하는 부분이 있다는 뜻이다. 그래서 독서의 고수들은 이런 조언을 한다.

　"책을 입체적으로 보라."

　입체적으로 본다는 말은 중요한 부분과 중요하지 않은 부분을 구별하면서 볼 수 있어야 한다는 뜻이다. 책을 읽는 일은 어쩌면 산을 오르는 것과 비슷하다. 처음에는 평지를 걷다가 조금씩 경사가 높아진다. 그러다 정상에 가까워지면 조금 더 가팔라지다가 마침내 파란 하늘과 낮아진 땅을 보게 된다. 그리고 다시 그 하늘을 기억하며 내려온다.

책이 입체적이라는 의미는 그 책을 이루고 있는 '절'이 입체적이라는 뜻도 된다. 즉, '절'에도 중요한 것과 그렇지 않은 것이 있다. 만약 '속독법'에 관한 책을 읽는다고 치자. 시작은 보통 독서를 해야 하는 이유를 설명한다. 초반을 지나 중반으로 넘어가면 본격적인 '속독'의 기술이나 연습방법에 대해 이야기할 것이다. 중요한 부분은 바로 그곳이다. 중반을 넘어가면서 나오는 속독의 기술이나 연습방법 부분, 작가가 정말 말하고자 하는 부분!

그러면 어떻게 해야 책을 입체적으로 볼 수 있을까?

책에는 이미 '차례'라는 지도가 있다. 내가 읽고 있는 부분이 어디인지 차례를 보고 확인하면서 읽어야 한다. 차례를 중요치 않게 생각하고 무작정 책을 읽다가는 중간에 길을 잃기 십상이다. 사실 차례만 보아서는 입체감을 알 수 없다. 보통의 지도가 입체감이 없는 것처럼……

하지만 실제 여행하는 곳은 절대 평평하지 않다. 오르는 길이 있으면 내려가는 길이 있다. 따라서 평면적인 차례를 입체적으로 만들 필요가 있다. 무작정 책을 읽겠다면서 첫 페이지부터 힘을 빼면 가장 중요한 주제에 도달하기도 전에 포기하게 된다. 속도를 조절해야 한다. 차례를 보면서 산의 아름다운 부분이 어디이고, 오르기 힘든 부분이 어딘지 확인하면서 읽자. 그래야 정상에 도달할 수 있다.

만약 당신이 공무원시험이나 수능을 치러야 하는 수험생이라면 더욱이 차례를 항상 옆에 끼고 살아야 한다. 하루 동안 공부할 수 있는 내용은 많지 않다. 그러다 보니 내가 지금 어디를 공부하고 있는지 쉽게 망각한다. 그럴 때마다 지금 공부하는 곳을 차례를 통해 확인하자. 차례를 보면서 이미 공부했던 것들을 떠올려도 보고, 앞으로 공부할 내용을 예상도 해 보자. 시험공부는 교과서를 자신의 머릿속에 얼마나 잘 정리하느냐에 그 성패가 달려 있다. 당연히 그 정리는 차례를 통해서 해야 한다. 책에서 차례는 장식품이 아니다.

책읽기와 질문하기

질문하지 않는 사람들

●

자본주의가 시작된 이후 경제가 침체에 빠지는 공황은 대개 10년에 한 번씩 주기적으로 왔다. 그때마다 수많은 사람들이 실직을 당하고 고통에 빠졌으며, 심지어 경제적인 문제로 목숨까지 버렸다. 최초 공황이 시작된 1825년 이래 1836년, 1847년, 1857년, 1866년, 1873년 등에 겪은 크고 작은 공황이 그 주기를 증명해 준다.

경제학자, 사회학자, 철학자 등 수많은 지식인들이 그것의 해결을 위해 인생을 바쳐 연구했다. 하지만 자본주의에서 공황은 여전히 필연적이다. 아직까지 어느 누구도 이를 속 시원히 해결하지 못하고 있다. 하지만 포기할 수는 없다. 공황 해결에 대한 포기는 우리에게 풍요로움을 주었던 자본주의를 포기하는 것과 같다. 대책이 필요하다. 혼자서 해결할 수 없다면 뭉쳐야 한다. 그래서 선진국들은 경제위기 해결을 위한 모임을 만들었다. 미국, 영국, 프랑스, 독일, 일본, 이탈리아, 캐나다가 회원국인 일명 G7(Group 7)이 그것이다.

1997년 아시아에 경제위기가 닥쳐왔다. 그 위기로 대한민국도 IMF에서 돈을 빌릴 수밖에 없었다. 당시 경제위기는 아시아의 문제만이 아니었다. 분명 위기의 시작은 아시아였지만 아시아와 연결된 모든 나라가 피해를 입었다. 자유무역이 일상인 시대에서 물건을 수입하는 국가가 경제위기를 맞으면 물건을 수출하는 국가 역시 재고가 쌓여 위기를 맞는다. 운명 공동체로 묶이는 것이다.

실제로 아시아와 남아메리카는 인구와 경제규모만 놓고 따지면 선진국을 넘어선다. 하지만 G7에 아시아 국가로는 일본밖에 없었다. 선진국들은 알았다. 자신들만의 리그로는 주기적으로 세계를 혼란에 빠트리는 경제위기를 해결할 수 없다는 것을. 때문에 신흥국이라는 이름으로 아시아와 남아메리카 국가를 추가했다. 그것이 아시아의 한국, 중국, 인도 등과 남아메리카의 브라질, 멕시코, 아르헨티나 등을 포함시킨 이유이다. 그리고 바로 G20 탄생의 순간이다. 이때가 1999년이었다.

그러다가 2008년 미국에서 부실한 주택담보대출과 파생상품의 결합으로 금융위기가 터졌다. 다른 나라들은 미국발 경제위기에 나쁜 쪽으로 뜨겁게 반응했다. 세계화로 인해 모든 국가는 가까운 연결고리를 갖고 있었다. 한 나라의 경제위기는 더 이상 국내적 문제가 아니었다. 그러자 2009년에 G20 국가들은 재무장관회의를 정상회의로 변경했다. 좀 더 높은 의사결정권자들이 모여 문제를 해결해 보자는 의도였다.

한국은 2010년에 G20 정상회의를 개최했다. 당시 정부는 정상회의를 대통령의 업적으로 치장하느라 정신이 없었다. 〈서울 G20 정상회의와 기대효과〉라는 제목의 보고서에서는 직접적인 경제효과가 1천23억 원이라고 주장했다. 게다가 간접효과는 무려 21조에서 24조에 이른다고 되어 있었다. 이는 우리보다 5개월 먼저 G20 정상회의를 개최한 캐나다와 확연히 다른 수치였다. 토론토 대학은 G20 정상회의의 경제적 효과를 간접효과까지 포함하여 1489억 원 정도로 추정한다고 발표했다. 만약 한국 정부가 발표한 보고서의 주장이 사실이라면 자본주의 경제위기의 해법은 아주 가까운 곳에 있을지도 모른다. 그냥 G20 정상회의만 1년에 몇 번씩 개최하면 되지 않겠는가!

참으로 슬픈 현실이었다. '국민은 정부가 말하면 믿을 뿐이다. 비판할 줄 모르니 아무렇게나 말을 해도 상관없다.'는 게 왠지 정부와 권력자의 생각 같았다. 만약 다른 국가에서 이런 보고서를 알았다면 국제적으로 망신을 당했을지도 모른다. 그런데 정작 문제는 다른 곳에서 터졌다.

2010년 G20 정상회의 폐막식에서 미국의 오바마 대통령이 연설을 했다. 연설 다음에는 언제나 기자들의 질문이 이어진다. 그날도 별다를 게 없었다. 여러 국가의 기자들이 질문을 했고 오바마 대통령은 그 질문에 대답을 했다. 그런데 갑자기 오바마 대통령이 다른 국가 기자들의 질문을 멈추게 하더니 한국 기자들의 질문만 받겠다고 했다. 개최국 기자들을 배려한 행동이었다. 그런데 예상 밖의 일이 벌어졌다. 침묵이 흐른 것이다. 수많은 한국 기자들이 그곳에 있었지만 아무도 질문을 하지 않았다. 오바마 대통령이 거듭 질문을 받겠다고 기자들을 다독였지만 누구 하나 질문하지 않았다. 마침내 어떤 아시아인이 손을 들었다. 중국 기자였다. 오바마 대통령은 실망한 표정으로 다른 한국 기자에게 질문할 기회를 주려고 계속 찾았다. 하지만 질문을 하는 한국 기자는 나타나지 않았다. 결국 한국 기자들의 질문 기회는 중국 기자가 사용했다.

고등학교 수업시간에 종이 칠 때쯤 되면 선생님이 말씀하신다. "질문 있는 사람?" 당연히 질문은 없다. 선생님의 그 말은 오히려 '자, 이제 다 끝났으니 마무리하자.'라고 들렸다. 그 상황에서 질문하는 학생이 어디 있겠는가! 그러다가 쉬는 시간 10분을 잡아먹기라도 한다면 그 뒷일을 어떻게 감당하겠는가!

대한민국에 사는 사람치고 질문에 익숙한 사람을 본 적이 없다. 어렸을 때 시작한 '왜'라는 질문은 초등학생이 되면서 아버지와 선생님의 권위에 눌려 멈추게 된다. '쓸데없는 것 좀 묻지 말라'는 한마디면 질문은 끝난다. 그러다가 점점 대한민국은 '체면'이 중요한 사회라는 것을 배우게 된다. 중학생이나 고등학생이 되어 뭔가를 모르면 부끄러운 게 되고, 주변에 있는 친구들은 항상 놀릴 준비를 하고 있는 것처럼 보인다. 그렇다. 대한민국은 누군가의 무지에 관대하지 않다. 상식적인 그 무엇인가를 모르는 순간 세상의 온갖 무식을 짊어지게 된다. 그리고 섣불리 질문을 했다가는 의심받기도 딱 좋다. 차라리 침묵하면 중간은 가지 않는가!

질문에 관대하지 않은 사회에서 사람들은 질문하지 않는다. 당연하다. 질문하면 나 자신이 못나 보이기도 하고 무식을 뽐내는 것도 같은데 누가 질문하겠는가? 그냥 침묵하는 편이 현명한 행동이라 생각한다.

그렇다면 사람들은 단지 질문에 대한 거부감 때문에 질문을 하지 않을까? G20 폐막식에서 오바마에게 질문하지 않았던 한국 기자들이 질문에 대한 거부감 때문에 그랬던 것일까? 그렇게 보기에는 무리가 있다. 기자들은 원칙적으로 질문하기가 직업이다. 취재는 누군가에게 뭔가를 묻지 않으면 할 수 없지 않은가. 기자들에게 질문은 일상이고 생활이다. 그러면 그런 기자들이 왜 그때는 질문하지 못했을까?

일반적으로 질문을 하지 않는 이유는 두 가지로 나눌 수 있다. 하나는 앞에서 말한 것처럼 질문에 대한 거부감으로 하지 않는 경우이다. 선생님께 궁금한 것에 관해 물었다가 핀잔만 들었다면 두 번 다시 질문하기 싫어진다. 다른 하나는 어떤 것도 궁금하지 않아서이다. 사실 대한민국에서 질문이 사라진 이유는 두 번째 원인이 더 커 보인다.

대한민국은 압축된 경제성장을 이루었다. 그 과정에서 남보다 뒤처지면 능력이 부족한 사람이 되었다. 그리고 그런 풍토는 자연스럽게 다른 사람의 상태를 중요하게 만들었다. 왜냐하면 그것을 알아야지만 상대적으로 나의 능력이 어떤지를 판단할 수 있지 않겠는가. 이처럼 타인을 의식하는 사회에서는 개성이 중요치 않다. 모든 사람들은 획일화되고 규격화된다. 그 결과 사회의 흐름을 누가 더 잘 따라가느냐가 성공한 인생의 기준이 된다. 또한 사람들의 고민도 단순해진다. 어떻게 하면 더 빨리 성공할 수 있는가만 생각한다. 효율성이 강조되는 것이다.

변화 속도가 빠르고 남을 의식하는 사회에서 궁금증은 불필요하다. 무언가를 묻거나 따지거나 하면서 시간을 보내면 뒤처진다. 무조건 앞으로 달려야 성공한다. 그러다 보니 우리는 질문에 인색해지고 오히려 질문이 많은 사람을 이상하게 생각한다. 침묵을 강요받는 사회가 지금의 대한민국이다.

이런 침묵은 독서에도 그대로 나타난다. 사람들은 책을 읽으면서 질문하지 않는다. 게다가 작가의 권위가 클수록 침묵은 점점 더 깊어진다. "침묵은 금이다."라는 격언을 좌우명으로 삼게 된다. 또 누군가 질문을 하라고 말해도 무엇을 어떻게 질문해야 하는지 모른다. 아무도 질문하는 법을 가르쳐 주지 않았으니 당연하지 않겠는가?

많은 독서법 책도 이와 다르지 않다. 책을 읽으면서 질문을 하라고 한다. 하지만 무슨 질문을 어떻게 해야 하는지는 가르쳐 주지 않는다. 그냥 질문만 하라고 한다. 주입식 교육을 받은 국민에게 하나를 가르쳐 주지 않은 채 둘을 알기 바라는 것은 억지이다.

질문을 유발하는 것들
•

노벨상에는 수학부문이 없다. 노벨 문학상, 노벨 경제학상, 노벨 평화상, 노벨 물리학상 등이 있지만 노벨 수학상은 없다. 하지만 비슷한 상은 있다. 바로 필즈상(Fields Medal). 캐나다 수학자 '존 찰스 필즈'의 유언에 따라 그의 유산으로 만들어진 상이다. 필즈상은 4년에 한 번 수상자를 선정하고 마흔 살이 넘으면 수상할 수 없다.

필즈상 이야기를 하는 이유는 2014년에 한국에서 이 필즈상 수상이 있었기 때문이다. 물론 한국인이 받은 건 아니다. 미국 스탠퍼드 대학 교수인 '마리암 미르자카니(Maryam Mirzakhani)'가 여성 최초로 수상했다.

언론에서는 이 필즈상 수상식을 보면서 한국의 수학 교육을 돌아보았다. 경제협력개발기구(OECD)가 조사한 교육평가에서 우리의 수학 학업 성취도는 1등이었다. 이미 익숙한 사실이다. 우리나라 사람들은 항상 수학 강국임을 자랑스러워한다.

그러나 같은 수학 분야에서 꼴찌인 것도 있다. 바로 수학의 '흥미도' 부문에서 우리는 뒤에서 1등을 했다. '흥미도'는 교육에서 가장 중요한 항목 중 하나이다. 왜냐하면 그 분야의 미래를 가장 잘 보여 주는 지표이기 때문이다. 중·고생이 세계에서 수학을 제일 잘해도 흥미가 없다면 우리는 수학 강국이 될 수 없다. 졸업만 하면 수학을 멀리할 테니까. 게다가 이런 흥미도의 상실은 모든 교과목에서 나타난다. 이 이야기가 의미하는 바가 무엇인 줄 아는가? 한국의 중·고생은 무엇 하나 궁금해하지 않는다는 뜻이다.

질문은 누군가에게 모르는 것을 궁금해하면서 물어보는 행위를 말한다. 당연히 물어보기 위해서는 궁금해야 한다. 이것은 질문이라는 행위에 포함된 기본 전제이다. 그렇다면 궁금하다는 것은 무엇인가? 그건 무언가에 호기심이나 흥미가 있어서 알고 싶다는 뜻이다. 궁금증이 사라지면 당연히 질문도 사라진다. OECD에서 발표한 흥미도 꼴찌라는 조사가 충격적으로 다가오는 이유이다. OECD의 조사는 한국 수학의 미래가 어둡다는 사실을 예견하고 있다.

독서에도 비슷한 전제가 있다. 평균 3백 페이지 정도의 책을 몇 시간에 걸쳐 읽는 작업은 쉽지 않다. 시간도 필요하고 집중력도 필요하다. 당연히 이러한 작업을 수행하기 위해서는 의지가 있어야 한다. 그리고 그 의지는 '흥미'나 '호기심'을 전제로 한다. 흥미나 호기심이 없다면 우리는 책을 끝까지 읽을 수 없다.

책을 읽으면서 질문하라는 것도 같은 전제를 바탕으로 한다. '흥미'를 가지고 있는 독자만이 질문한다. 가끔은 책이 스스로 흥미를 불러일으키기도 하지만 대부분은 그렇지 못하다. 그래서 책 선택이 중요하다. 흥미 있는 책을 선택해야 하고, 그 책을 읽어야 하는 이유가 분명해야 한다. 시간을 보내기 위해 선택한 책이 철학서라면 후회만 남지 않겠는가.

이 점을 꼭 기억하자. 최소한 책 겉표지라도 마음에 들어야 한다. 물론 이는 미봉책에 지나지 않는다. 댐이 무너질 것 같은데 손가락으로 막고 있는 격이다. 자신의 흥미를 찾기 위해서는 좀 더 고민해야 한다. 기본적인 생각은 바로 '책을 읽기 위해 책을 선택하는 것이 아니라 나의 호기심을 풀기 위해 책을 선택해야 한다.'는 것이다. 인터넷에 떠 있는 서평을 참고하는 것도 좋은 방법이고, 책의 차례나 서문을 보면서 자기의 호기심을 확인하는 것도 좋다. 관심 없는 책을 읽는 것은 시간 낭비나 마찬가지다. 만약 읽다가 관심이 떨어지면 책을 덮어도 괜찮다.

"그가 하는 대답만 가지고서는 그 사람이 똑똑한지 알 수 없다. 정말 똑똑한 사람인지는 그의 질문을 들어야 알 수 있다."

이집트 최초로 노벨 문학상을 수상한 나기브 마푸즈(Naguib Mahfouz)가 한 말이다. 사실 우리는 이와 정반대로 사람의 똑똑함을 평가하고는 한다. 많이 알면 똑똑하고 모르면 멍청하다고 생각한다. 하지만 사람이 살면서 어떻게 모든 것을 알 수 있겠는가! 순간순간 필요에 의해 배워 나갈 뿐이다. 시간이 흐르면 지식도 변한다. 과거의 지식에 머물러 있지 않기 위해서는 현재의 지식을 배워야 한다.

질문은 이처럼 배우는 과정에서 가장 중요하다. 배우는 사람은 질문을 해야 내가 모르는 것과 아는 것이 구별 가능하고, 가르치는 사람은 배우는 사람이 어떤 질문을 하느냐에 따라 그 사람이 어떻게 배워 나가는지를 알 수 있다. 그러니 좋은 질문을 많이 하는 사람은 그만큼 깊이 있는 학습을 하게 된다. 문제의 핵심을 질문하는 사람과 문제의 핵심을 보려고 하지 않는 사람의 차이는 분명하지 않겠는가. 게다가 질문을 해야 호기심이 생긴다. 내가 앞으로 나갈 방향을 질문을 통해 설정할 수 있다.

이런 요술쟁이 같은 질문에는 다양한 종류가 있다. '예' 혹은 '아니요'의 답을 요구하는 질문부터 사람의 생각을 말할 수 있는 개방형 질문까지 여러 가지이다. 그런데 이는 질문에 대한 대답 형식에 따라 분류한 것이다. 질문 자체에 초점이 맞추어진 게 아니라 그 질문에 따른 대답에 초점이 맞춰져 있다. 한번 관점을 바꾸어 보자. 좋은 대답을 얻기 위해서는 그만큼 좋은 질문을 해야 한다. 질문 자체만을 생각한다면 나는 질문을 '목적'에 따라서 구별하고 싶다. 무엇을 알고 싶은지 알아야 좋은 질문이 나오기 때문이다.

무엇인가를 배우는 수업시간을 예로 들어보자. 대한민국 교실에서 이루어지는 질문은 대부분이 수업 내용을 이해하기 위한 질문이다. 영어 해석을 위한 영어 단어에 대한 질문이거나 어려운 수학 문제를 풀기 위한 수학 공식에 대한 질문 혹은 과학시간에 나오는 낯선 개념에 대한 질문 등이 모두 그렇다.

만약 내용에 대한 이해가 끝났다면 우리는 하나의 선택을 해야 한다. 우리가 이해한 것을 그냥 믿고 받아들이거나 또는 이해한 내용의 옳고 그름을 판단해 보고 받아들이거나……. 믿고 받아들이기를 선택했다면 질문은 거기서 끝난다. 보통 내용을 이해하고 받아들인다면 더 이상의 질문은 없다. 하지만 후자는 다르다. 스스로 자신이 이해한 것을 평가하려고 한다면 다른 질문들이 등장할 수밖에 없다. 논리적 타당성을 따져 보기도 하고 주장의 전제가 타당한지 검증해 보기도 한다. 또는 그 주장의 관점이 무엇인지 생각해 볼 수도 있다. 이는 내용을 받아들이면서 자신의 생각을 만들어가는 과정이기도 하다.

뭔가를 배우는 것과 읽는 것은 같다. 사람의 말을 통해서 배우는 것과 책을 통해서 배우는 정도의 차이일 뿐이다. 게다가 책도 사람이 쓰지 않는가! 형식상의 차이 외에는 하나도 다를 게 없다.

책을 '이해'하는 과정과 '비판'하는 과정으로 이루어지는 책읽기의 과정을 거치기 위해 필요한 것이 '질문'이다. 처음에는 이해하기 위한 질문을 하고, 이해가 끝나면 받아들이기 위한 질문을 해야한다. 여기까지가 이해를 위한 과정이다. 이해와 비판을 위한 질문 사이에는 엄연히 차이가 있음을 알아두자. 채소를 써는 칼과 과일을 깎는 칼이 다른 것처럼 말이다.

이해에 대한 질문이 마무리되면 본격적으로 비판을 위한 질문을 해야 한다. 책을 읽으면서 이해한 내용의 논리와 타당성에 대한 질문으로 시작해 보자. 그리고 내용에 오류가 없다면 그 내용을 존재하게 만든 관점에 대해서 질문해야 한다. 만약 《논어》를 읽고 그 내용에 대해 의문이 없다면 과연 그 책은 어떤 관점에서 서술되었는지 따져보아야 한다. 올바른 인간이 무엇인지 이야기하면서 혹시 기존 사회의 지배체제를 공고히 하려는 목적이 있는 것인지 판단해 볼 필요가 있다. 사회의 안정을 추구하는 게 《논어》의 관점이라면, 그 관점이 지금도 타당한지 생각해 보아야 한다.

책을 이해했다면 책의 의미에 대해 질문해야 한다. 그리고 최후의 질문은 책의 관점에 대한 질문으로 흘러가야 한다. 어쩌면 비판은 그 질문 후 본격적으로 시작될지도 모른다.

반면, 목적 없는 질문은 오히려 책읽기를 방해할 수도 있다. 자기에게 필요한 질문이 무엇인지 생각해야 한다. 지금 나는 이해하고 있는가 혹은 비판하고 있는가? 만약 비판을 위한 질문이 날카롭지 않다면 제대로 이해하고 있는지 생각해 보아야 한다. 또 지금 하고 있는 질문이 무엇을 위한 질문인지, 내용 파악을 위한 질문만 하고 있지는 않은지 고민해 보아야 한다.

책읽기와 요약하기

왜 이 책을 썼을까?

·

대한민국에서 대학에 입학하려면 기본적으로 수학능력시험을 보아야 한다. 한국의 대학은 학생들을 두 가지 방법으로 뽑는다. 바로 정시 모집과 수시 모집. 정시 모집은 수능을 보고 일괄적으로 학생을 평가하는 것이고, 수시 모집은 학생부로 학생을 선발한다. 물론 수시 모집이라고 해서 수능이 전혀 불필요한 건 아니다. 수능 최저등급을 설정하고 있다. 결국 수시 지원자도 수학능력시험을 보아야 한다. 게다가 9월이 되면 학원가에는 논술강좌가 슬슬 인기를 끌기 시작한다. 수능이 대학을 가기 위한 필수라면 논술은 선택사항이다. 하지만 이름값 좀 한다는 대학들은 논술시험을 보기 때문에 많은 학생들이 논술을 준비할 수밖에 없다.

프랑스에서는 '바칼로레아'라는 하나의 논술시험만으로 학생을 선발한다. 그에 반해 대한민국에서는 논술시험을 학생 선발의 보조적인 도구로 활용한다. 객관식 시험에 익숙한 학생들을 논술만으로 입학을 결정하기에는 평가의 어려움이 있기 때문이다.

논술시험은 자신의 생각을 글로 표현해야 한다. 하지만 우리는 이 논술시험마저도 객관식화한다. 어떤 유형이 나오면 어떤 식으로 서술하라고 정해 준다. 이러한 방식이 시험에 도움이 될지는 모르겠지만 그리 바람직해 보이지는 않는다. 하지만 차선책쯤으로 보이기는 한다. 어차피 자유롭고 비판적인 사고에 익숙지 않으니 이렇게라도 준비해야 하지 않겠는가!

그런 논술시험의 유형 중 하나가 '요약하기'이다. 논술의 가장 기본으로 지문을 보여 주고 그 지문의 내용을 요약하는 것이다. 그리고 그다음 문제에서 자신의 생각을 펼쳐보라는 형식으로 시험이 진행된다. 모든 논술시험에서 '요약하기'는 빠지지 않고 출제된다. '논술'이라고 하면 자신의 생각을 쓰는 시험이라고 생각하는 게 보통인데 왜 '요약하기'가 논술시험의 기본이 된 걸까? 답은 글쓰기 과정을 살펴보면 알 수 있다.

만약 누군가 책을 쓰려고 마음먹었다면 그는 무엇부터 할 것 같은가? 아마도 책을 읽을 것이다. 글을 쓰려면 글감이 필요하지 않은가. 어떤 책도 온전히 혼자만의 생각으로 이루어지지는 않는다. 다른 이의 생각을 보고 발전시키거나 비판하면서 자신의 생각을 갖게 된다. 즉, 글을 쓴다는 행위에는 다른 이의 책을 읽는다는 의미가 포함되어 있다.

논술시험도 글쓰기이다. 누군가의 글을 보고 그에 대한 나의 생각을 써야 한다. 그렇다면 기본은 누군가의 생각을 이해하는 일이다. 똥인지 된장인지 모르고 짜다고 할 수는 없지 않은가! 사실 이러한 '요약하기'는 시험 유형만으로 그 의미를 한정해서는 안 된다. 논술의 '요약하기 문제'는 글을 얼마나 잘 이해했는지를 평가하려는 취지이지만, 글을 이해하기 위해서는 요약을 해 보아야 한다는 반대방향도 성립한다. 우리는 무의식중에라도 책에 있는 글을 요약하면서 이해해야 한다.

독서 자체는 책을 이해하기 위한 행동이다. 속독은 빠르게 읽고 이해하는 것이고 정독은 자세히 읽고 이해하는 것이다. 앞에서도 말했듯 책을 읽으면서 옳고 그름을 따져 보려면 이해의 단계에 머물러서는 안 된다. 한 단계 더 나아가야 한다. 책을 이해한 뒤 자신의 생각을 갖기 위한 평가까지 해야 한다.

문제는 '책을 어떻게 이해해야 하는가'이다. 우리는 앞에서 책의 구조에 대해 살펴보았다. 책은 글의 가장 큰 묶음인 '장'으로 구성되고 '장' 아래에는 '절'이 있다, 보통 우리가 대면하는 것은 바로 이 '절'이며, '절'을 이해해야 책을 이해할 수 있다고 했다.

'절'의 이해가 책의 이해라면 여기서 다시 '절은 어떻게 이해해야 하는가?'라는 질문으로 이어져야 한다. 우리가 배우는 기-승-전-결이나 서론-본론-결론은 글의 흐름을 보여 주는 것이다. 바로 이런 흐름이 '절'을 구성한다. 그렇다면 이런 기-승-전-결이나 서론-본론-결론은 단순히 글의 흐름만을 나타낼까?

글 쓰는 목적을 한번 생각해 보자. '우리는 왜 글을 쓰는가?' 모든 글에는 '주제'가 있다. 주제는 작가의 핵심이 되는 생각을 말한다. 주제를 정하는 일이 글쓰기의 처음이고, 그 주제를 이해시키거나 설득시키는 일은 그다음이다. 책은 글의 묶음이라고 했다. 글의 목적과 책의 목적이 다를 수 없다. 글의 목적으로 책을 정의하면 책은 작가가 말하고 싶어 하는 생각을 여러 기법을 활용해 표현하는 과정을 보여 주는 도구이다.

그럼 작가는 자신의 생각을 어떻게 표현할까? 어떤 하나의 생각을 주장하기 위해서는 근거가 있어야 한다. 자신이 어떤 결론을 얻었다면 그 결론이 나온 이유를 이야기해야 한다. 반드시 주장과 근거가 있어야 한다. 그렇지 않으면 글이 성립되지 않는다. 여기서 근거는 객관적인 통계자료가 되기도 하고 역사적 사실이 되기도 한다. 또는 위대한 철학자의 논리적 증명이 되기도 하고 과학자의 수리적 증명이 근거가 되기도 한다. 예를 들어, '인간은 그 자체로 목적이어야 한다.'라는 주장을 한다면 칸트의 '정언명령'을 근거로 들 수 있다. 혹은 '습관의 무서움'을 표현하고 싶다면 뉴턴의 '관성의 법칙'에 비유하기도 한다. 즉, 글은 하나의 주제와 그것을 표현하기 위한 수많은 근거로 이루어져 있다.

물론 글이 서론-본론-결론의 형식으로 이루어져 있다면 그 주장과 근거는 '본론'에 집중되어 있다. '서론'에서는 보통 본론 주장을 위한 배경 설명이 이루어진다. 그러면서 읽는 사람의 관심을 끌기 위한 여러 장치들이 들어간다. 사자성어나 누군가의 명언 혹은 통계자료 등이 주로 서론에서 보이는 이유이다. 또 결론은 본론의 주장을 되풀이하거나 다른 문제제기를 이어가는 부분이다. 모든 것은 글쓴이의 마음에 달려 있다.

내용을 기억하는 첫걸음

●

영국의 철학자이면서 수학자인 버트런드 러셀은 자신의 저서 《서양철학사》에서 말한다. "만일 누군가 나를 역사에 기록한다면 나의 추종자가 아닌 나의 비판자가 나를 기록하기 바란다."고.

이 말에는 자신을 비판하는 사람이 자신을 더 잘 이해할 수 있다는 의미가 담겨 있다. 그렇다. 무엇을 비판하기 위해서는 먼저 이해해야 한다. 이를 논리적으로 확장시켜 보면 뛰어난 비판에는 언제나 뛰어난 이해가 전제되어야 한다는 것이다.

앞에서 책을 제대로 읽기 위해서는 두 종류의 질문이 필요하다고 했다. 하나는 이해를 위한 질문이고 다른 하나는 비판을 위한 질문이다. 여기서 필요한 것은 바로 '이해를 위한 질문'이다. 그러면 이해를 위해서는 무엇을 질문해야 하는가?

'이해를 위한 질문'의 목적은 '글의 요약'에 있다. 대한민국 논술시험의 기본이 되는 유형인 '요약하기'를 위해 질문해야 한다. 그렇다면 글은 어떻게 요약해야 하는가?

'요약'은 글의 핵심을 간략하게 만드는 일이다. 글의 핵심에는 글의 주제가 있고, 그 주제를 뒷받침하는 근거가 있다. 작가는 글을 쓰기 전에 무조건 주제부터 정한다. 글은 이 주제를 표현하는 과정일 뿐이다. 당연히 질문은 '이 글의 주제는 무엇인가?'가 되어야 한다. 물론 주제를 직접적으로 표현하는 사람도 있고 간접적으로 표현하는 사람도 있다.

이명박 정부에서 추진된 4대강 사업을 보자. 당시 많은 전문가들이 4대강 사업의 필요성을 주장했다. 그들은 직접적으로 '4대강 사업을 해야 한다.'라고 주장하기도 했지만 '4대강을 살려야 한다.'라고 주장하기도 했다. 또는 '대한민국의 홍수를 예방해야 한다.'라는 주장도 했다. 직접적인 주장은 보통 가장 마지막에 나온다. 주장이 너무 노골적이고 자극적이면 간접적인 주장을 하게 된다. 위에서 보듯 '홍수를 예방하자.'라는 주장에는 결국 4대강 사업을 하자는 뜻이 담겨 있는 것이다.

글의 주제를 파악했다면 그다음은 그 주장의 근거를 파악해야 한다. 4대강 사업 이야기를 계속해 보자. 박석순 이화여대 환경공학과 교수는 4대강 사업을 해야 하는 이유를 이렇게 말했다.

"수량을 풍부하게 해서 외부에서 들어오는 오염물질을 많이 희석시키는 겁니다."

그는 '4대강 사업의 필요성'을 주장하면서 그 근거로 이처럼 강의 수질 강화를 들었다. 근거를 명확하게 제시했다. 이렇게 근거나 주장이 명확하면 이해가 쉬워진다.

그러나 그렇지 않은 경우도 있다. 조원철 연세대 토목공학과 교수는 4대강 사업의 필요성을 주장하면서 이렇게 말했다.

"주 5일제가 되잖아요. 갈 곳이 바다하고 산밖에 없습니다. 바다는 멀어요. 산은 높아요. 연약한 사람들은 못 가거든요. 그러나 내륙운하는 흔들리지 않기 때문에 쉽게 갈 수 있어요."

그의 근거는 무엇인가? 사실 찾기가 그리 어렵지는 않다. 그의 주장을 요약하면 이렇다.

'지금은 주 5일 근무가 보편화되어 있다. 사람들은 여가를 즐길 시간이 많다. 하지만 산과 바다는 너무 멀리 있다. 그에 반해 4대강은 한반도 내륙을 관통하고 있으므로 지리적으로 가깝다. 만약 강을 개발한다면 사람들의 여가를 즐길 수 있는 장소를 제공하게 되므로 유익하다.'

위의 요약은 그의 논리를 설명하느라 길어졌다. 짧게 표현하면 '국민 여가를 위해서 4대강 사업이 필요하다.'는 것이다. 물론 그 근거의 옳고 그름은 중요치 않다. 지금은 이해하는 과정이다. 옳고 그름은 비판하면서 판단할 문제이다.

책을 이해하기 위해서는 '절'을 이해해야 한다고 했다. 절은 하나의 글이다. 그 글에는 주제가 있고 그 주제를 뒷받침하는 근거가 있다. 글쓴이의 주장과 근거를 바탕으로 그 연결고리를 이해했다면 글을 이해했다고 할 수 있다. 만약 책을 읽어도 남는 게 없다면 글의 이해에 문제가 없었는지 의심해 보아야 한다.

대입시험을 학력고사가 아닌 수학능력시험으로 치르기 시작한 것은 1994년부터였다. 단순 암기식 시험을 지양하고 사고력 증진을 목표로 도입되었다. 학생들은 혼란을 겪었다. 문제 수도 많아지고 유형도 학력고사와는 달랐다. 특히 시간 부족에 시달렸다. 아무리 문제를 풀어도 끝이 보이질 않았다. 그중 국어 과목인 언어영역은 더 심했다. 한 지문에 네 개에서 여섯 개의 문제가 나오는데, 지문 하나가 시험지 한 면을 다 채우고 있었다.

입시에 관련된 사람들이나 수험생들은 기술에 집중하기 시작했다. 시간 내에 문제를 풀지 못하는 것은 문제 푸는 기술이 없어서라고 진단했기 때문이다. 대표적인 방법은 '절대로 지문이 아닌 문제부터 읽어라.'였다. 이 방법은 왠지 논리적으로 설득력이 있어 보였다. 하지만 그것으로 점수가 크게 높아지거나 시간 부족이 즉시 해결되지는 않았다. 문제를 읽고 지문을 읽으면 문제를 까먹고, 지문을 읽고 문제를 읽으면 지문을 까먹기 때문이었다.

나 역시 같은 고민을 공유했다. 영어처럼 모르는 단어가 나와서 못 푸는 것도 아니고 수학처럼 공식을 몰라서 못 푸는 것도 아니었다. 답은 이미 지문에 나와 있는데 시간이 부족했다. 그때 EBS 교육방송에서 한 선생님이 문제 푸는 요령을 설명해 주었다. 단락하나를 읽으면 그때마다 그 단락 옆에다 한 문장으로 내용을 요약해 놓으라는 것이다. 솔직히 의심이 많이 갔다. 가뜩이나 시간이부족한데 언제 단락을 요약하라는 말인가? 하지만 별 뾰족한 수가없었다.

결론적으로 말하면 그 방법은 효과가 있었다. 단락 옆에다가내용을 요약하니 글을 다 읽고도 내용이 생생히 기억났다. 설령 가물가물해도 옆에 써 놓은 요약 문장을 보면 금세 기억이 돌아왔다. 오히려 요약을 통해서 글을 읽는 속도도 빨라졌다. 그리고 그 속도의 증가는 점수의 상승을 가져왔다.

우리는 하나의 책을 온전히 머릿속에 기억할 수 없다. 우리 머릿속에 남아 있는 지식은 책을 요약하면서 얻은 것이다. 얼마나 요약을 잘하느냐에 따라 얼마나 잘 기억할 수 있는가가 결정된다.

책을 '절'의 묶음이라고 했다. 이 '절'은 수많은 '문단'으로 이루어져 있다. 작가는 문단에 하나의 생각을 담고 그 생각을 모아서 하나의 '서론'과 '본론'을 만든다. 당연히 요약의 시작은 '문단'부터가 되어야 한다. 문단을 이해해야 글을 이해할 수 있다.

위에서 말한 수능시험의 언어영역 풀이 방법은 매우 유용하다. 문단 옆에다 하나의 문장으로 요약해 보기. 처음에는 낯설더라도 익숙해지면 굳이 글자로 남기지 않아도 된다. 자연스럽게 머릿속에서 요약을 하게 된다. 그것에 익숙해지면 글을 읽는 것도 익숙해진다.

문단을 요약해 보자. 요약하면서 글의 주제가 무엇인지, 그 근거는 무엇인지 질문해 보자. 생각보다 쉽게 책이 이해될 것이다.

더 빨리, 더 많이 읽기

돈보다 중요한 시간

●

"당신은 지배하고 있는가 혹은 지배당하고 있는가?"

보통 이런 질문에 사람들은 불편해한다. 질문의 핵심이 무엇인지도 파악하지 못한다. 불편함과 난해함이 동시에 존재할 뿐이다. 왜 사람들은 이 질문을 불편해하고 어려워할까?

우선 질문에서는 두 개의 답지가 보인다. 1번은 지배하는 자가 되는 것이고 2번은 지배당하는 자가 되는 것이다. 그게 전부이다. 하지만 어떤 보기도 선택하기가 쉽지 않다. 누군가를 지배한다는 말은 자연스럽게 독재자를 연상시킨다. 우리 역사에서 지배자는 대부분 독재자이지 않았는가!

대한민국 헌법 11조는 평등권을 보장하고 있다. 그 말은 대한민국 국민 모두가 평등하고 자유롭다는 뜻이다. 헌법이 평등권을 보장하고 있는 상태에서 누군가를 지배한다는 것은 평등권을 부정한다는 의미이다. 헌법에 위배되는 걸 정답으로 고르기가 쉬울까? 게다가 현실적으로 어느 누구를 내 마음대로 지배할 수도 없지 않은가. 대부분의 사람들이 그렇다.

그렇다면 2번은 어떨까? 난 누군가에게 지배당하고 있는가? 이런! 상상조차 하기 싫다. 엄마의 잔소리와 선생님의 강압적인 태도에서 해방된 지 얼마나 되었다고 또 지배당한단 말인가. 누군가에게 지배를 당하는 일은 있을 수도 없고 있어서도 안 된다. 2번은 무조건 아니어야 한다.

혹시 원래 정답이 없는 질문이었나? 아니다. 아직 하나의 답이 남아 있다. 바로 질문 자체가 잘못된 것이다. 어떻게 세상을 이분법으로만 본단 말인가? 게다가 평등사회에서 지배하는 자와 지배당하는 자 중 하나를 선택하라니! 오류투성이다.

그런데 정말 이 질문이 이분법에 근거한 것일까? 혹시 무언가를 둘로 나누어서 분석하면 무조건 이분법이라고 생각하는 건 아닌가? 항상 그렇지는 않다. 둘로밖에 구별할 수 없는 상황에서 둘로 나누는 것은 이분법이 아니라 합리적인 방법이다. 오히려 둘로 나누지 않으려다가 오류가 발생한다.

예를 들어, 정치에서 진보와 보수라는 개념으로 유권자나 정치인을 나눈다고 생각해 보자. 그것이 이분법이라서 잘못된 것일까? 중도가 있으니 그 둘로 나누는 것은 틀린 것인가? 그렇지 않다. 중도는 정치적 의사결정을 아직 선택하지 못한 사람들인 경우가 많다. 또는 자신이 처한 상황에서 가장 유리한 것을 추구하는 기회주의적 성격 탓에 중도를 표방하기도 한다. 만약 어떤 곳에도 치우치지 않는 사람으로 보이고 싶어서 중도를 택했다면 그건 정치를 모르는 사람일 확률이 높다. 중도에는 진보와 보수의 가치가 혼재되어 있다. 진보적 가치에서 조금, 보수적 가치에서 조금을 덜어와 만들어졌기 때문이다. 절대 중간값이 아니다. 그러다 보니 중도주의자들은 사안에 따라 진보가 되기도 하고 보수가 되기도 하는 것일 뿐 중도라는 또 다른 가치가 존재하는 게 아니다.

자, 아직도 위의 질문, 즉 '지배하고 있는가 혹은 지배당하고 있는가?'라는 질문은 진보와 보수처럼 합리적인 나눔과는 다른 이분법적인 질문으로 보이는가? 만약 그렇게 주장한다면 당신은 훨씬 큰 어려움에 직면할 것이다. 사회를 지배하는 자와 지배당하는 자로 구별하는 것은 과거부터 지금까지 존재해 온 게 사실이니까.

이를 사회학자들은 '계급론'이라고 불렀다. 게다가 계급론의 연구과제는 사회가 계급을 이루고 있는가 아닌가가 아니다. 사회가 계급을 발생시킨 원인이 무엇인가를 연구한다. 최초 연구자로는 《국부론》을 쓴 애덤 스미스가 있다. 그 뒤 마르크스와 엥겔스로 넘어갔고, 다음으로는 《유한 계급론》의 소스타인 베블런(Thorstein

Veblen)이 있다.《프로테스탄트 윤리와 자본주의 정신》의 막스 베버 역시 계급론에서는 유명한 인물 중 한 명이다. 만약 당신이 위 질문을 부정한다면 이러한 사상가들의 반론에 직면할 수밖에 없을 것이다.

하지만 우리는 그 계급론을 부정하고 싶다. 나 역시 처음 그 단어를 들었을 때 온전히 부정적인 이미지만을 느꼈다. 왜 그랬을까? 사실 대한민국에서 계급론은 사형선고를 받았다. 그건 우리와 38선을 가운데 두고 마주하고 있는 북한도 마찬가지다. 생각해 보자. 과연 우리가 계급론을 평가해 보고 타당하지 않은 이론이라서 사형선고를 내린 것일까? 아니다. 조선이 일본으로부터 침략을 당하기 시작한 개화기 때 우리 것은 무조건 후졌다는 문화사대주의가 나타났다. 그 사대주의는 학문으로까지 퍼졌다. 지금도 미국 박사학위가 없으면 인정 못 받는 나라가 한국 아닌가. 어떤 이론을 판단하고 평가할 능력은 찾아보기 힘들다.

그렇다면 능력도 없이 어떻게 사형선고를 내렸을까? 그것은 한국의 현대사를 지배한 독재자들이 원했기 때문이다. 한국은 경제성장과 민주주의를 맞바꾸었다. 먹고 살 수만 있다면 자유 같은 것은 미련 없이 내팽개칠 수 있는 시기가 있었다. 그리고 그 시기는 짧지 않았다. 물론 그 기간 동안에도 우리는 평등하고 자유로운 존재라고 세뇌당했다. 현실은 우리의 배움과 달랐지만 지배자들은 그렇게 주입하려고 노력했다.

지배자들은 계급의 존재를 두려워한다. 계급의 존재를 인정하는 순간 언제든지 그 계급이 뒤집어질 수 있음을 인정하는 꼴이기 때문이다. 독재자들이 가장 피하고 싶은 상황, 그런 두려운 상황에 직면하지 않기 위해서는 계급 자체를 없는 것이라고 가르쳐야만 한다. 혹시 '중산층'이라는 단어를 영어로 번역하면 무엇인지 아는가? 'The middle class'가 된다. 바로 '중간 계급'이다. 여전히 미국을 비롯한 많은 유럽 선진국에서는 아무 거부감 없이 계급이란 단어를 사용하고 있다.

계급론은 존재하는 사실이다. 이를 부정하기는 힘들다. 그렇다면 계급이 존재하는 원인은 무엇일까? 자본주의 전에는 봉건시대가 있었다. 봉건시대의 계급은 법에 의해 규정됐다. 당연히 누구도 이를 거부할 수 없었다. 그러다가 산업혁명을 기점으로 자본주의 사회가 도래하고 시민의식이 성숙되면서 평등의식이 발달했다. 그런 생각의 변화가 자연스럽게 프랑스 대혁명 등으로 연결되었고, 지금처럼 평등하다고 말하는 사회에서 살 수 있게 된 것이다.

하지만 법이 신분을 규정하지 않을 뿐이지 우리는 여전히 신분이라는 틀에 속해 있다. 위에서 말한 중산층이 우리가 갖고 있는 신분 중 하나이다. 맞다! 우리는 이젠 돈으로 누군가의 신분을 결정한다. 법으로 누군가를 지배할 수는 없지만 돈으로 누군가를 지배할 수는 있게 된 것이다.

현시대의 돈은 계급을 구별하는 절대적 기준이다. 돈이 없다면 과학자도 의사도 운동선수도 피아니스트도 되기 어렵다. 아니 그렇게 되기를 꿈꾸는 것조차도 쉽지 않은 게 현실이다. 자본주의 사회가 발달하면 할수록 돈은 더욱 중요해질 것이다.

그런데 돈보다 더 중요한 무엇이 존재한다. 사람들은 돈을 주고 이것을 사려고 한다. 아마 원시시대부터 봉건시대, 그리고 자본주의 시대로 올 때까지 인류에게 이보다 더 중요한 것은 없었을 것이다. 바로 인간의 생명이다. 생명은 모든 사람에게 하나씩 있을 뿐 아니라 성질도 비슷하다. 끝이 존재한다. 언젠가는 우리 모두 죽는다. 이 유한성으로 인해 우리는 시간의 소중함을 본능적으로 알게 된다. 자본주의 시대에는 돈이 계급을 결정하지만 시간을 위해서는 여전히 그 돈을 쓸 수 있다. 왜냐하면 그것은 자기의 생명에 대한 투자와 같기 때문이다.

빨리 읽는 것과 많이 읽는 것

•

잘 알다시피 '빨리빨리'라는 말은 한국인을 대표하는 부사이다. 외국 사람들이 한국에 와서 가장 많이 듣게 되는 말 중 하나라고 한다. 우리는 왜 이렇게 빠른 것을 좋아할까? 누구는 그 이유를 신속한 경제성장에서 찾기도 하고, 누구는 한국의 변화무쌍함에서 찾기도 한다. 분명 백 년 전만 해도 대한민국은 세계에서 가장 느린

나라 중 하나였다. 자동차도 기차도 없었다. 사람들은 빠른 말 대신 느릿한 소달구지를 이용해 이동하고는 했다. 그런데 지금은 완전히 딴 세상이다. 인터넷을 비롯해 모든 분야에서 최고의 빠름을 자랑한다. 자신의 소중한 시간을 절약하기 위해서라고 해석하면 꿈보다 해몽일까?

독서법에서도 이처럼 시간을 벌려는 한국인의 습관은 여지없이 나타난다. 사람들은 무조건 빨리 읽고 싶어 한다. 그러다 보니 속독법에 관한 책이 꾸준히 출판되고 속독법을 가르치는 학원도 여전히 생겨난다. 한국인의 입맛과 잘 맞아떨어지는 것이다.

왜 사람들은 속독을 원할까? 이유는 사실 간단하다. 하루에도 수백 종의 새로운 책이 출판되고, 그렇게 서점에 나온 책이 한 달이면 수천 종에 달한다. 읽어야 할 책은 많지만 시간이 없다. 느려터진 독서법으로는 한 달에 한 권 읽기도 벅차다. 이때 필요한 건 뭐? 당연히 스피드이다. 자본주의 시대에서 계급을 나누는 기준인 돈보다도 중요한 시간을 절약할 수 있다는데 무언들 못하겠는가! 그렇다면 사람들은 왜 책을 빨리 읽으려고 할까? 이유는 이미 얘기했다. 많은 책을 읽기 위해서이다. 많이 읽어야 하나라도 더 알 수 있지 않겠는가! 이러한 논리가 속독법의 전제가 된다. 질보다 양으로 승부하자!

하지만 속독하는 방법을 배우게 되면 조금 다른 현실에 직면하게 된다. 시중에 나와 있는 속독법 책을 보면 크게 두 가지 방법을 설명하고 있다. 하나는 중요한 문단이나 문장만 읽고 넘어가는 것이고, 다른 하나는 연습을 통해 글자 자체를 빠르게 읽어 나가는 것이다. 둘 다 엄청난 연습이 꼭 필요하다. 그런데 그런 방식은 독서를 정보 획득의 목적으로만 한정시킨다.

읽는 속도가 빨라진다고 해서 생각의 속도가 빨라지겠는가? 절대 그럴 수 없다. 생각의 속도는 대부분 비슷하다. 아무리 연습해도 빨라지지 않는다. 생각은 다양하게 해야 하는 대상이지 빠르게 해야 하는 대상이 아니다. 아인슈타인이 천재인 이유가 빠르게 생각할 수 있었기 때문일까? 아니다. 남들과 다르게 생각했기 때문이다. 거울로 자신을 보면서 '빛의 속도로 이동해도 내 모습은 과연 그대로일까?'라는 생각이 상대성이론의 시작이었다.

독서의 목적은 분명 정보의 획득이 아니라고 했다. 정보 획득은 인터넷으로도 충분히 가능하다. 또 책의 줄거리만 알고 싶다면 굳이 책 전체를 읽을 필요도 없다. 출판사에서 제공하는 요약을 보거나 괜찮은 서평 하나를 읽는 게 더 현명한 방법이다.

속독의 전제와 방법을 비판적으로 바라보자. 빨리 달리는 기차 안에서는 창 밖의 멋진 풍경을 감상할 수가 없다. 당신이 절약하려던 시간을 속독을 배우는 데 모두 낭비하는 과오를 범하지 말자.

또 책을 많이 읽었다는 사실만으로 우리는 누군가에게 많은 권위를 부여한다. 김대중 대통령의 서재에 2만여 권의 책이 있다는 것만으로 어떤 사람들은 그를 똑똑한 대통령이라고 평가한다. 최근에 나오는 독서법 책이나 인문학 서적에서도 작가를 홍보하기 위해 비슷한 방법을 사용한다. 3년 동안 도서관에 살면서 만 권의 책을 읽었다는 작가부터 1년에 천 권씩 꾸준히 읽는다는 작가도 있다. 모두 다독으로 권위를 부여받으려는 속셈이다.

　무슨 일 때문이었는지는 기억나지 않지만 국어사전에서 '허망(虛妄)'이란 단어를 찾아본 적이 있다. "어이없고 허무함"이라고 적혀 있었다. 나는 이 단어를 다독을 권위 삼아 책을 쓴 작가들의 글을 보다가 떠올렸다. 그들의 책은 멋진 제목과 화려한 표지로 사람들을 유혹했다. 게다가 책을 펴자마자 보이는 다독의 권위는 아름답기까지 했다. 그러나 그뿐이었다. 책에서 깊은 사색의 흔적이라고는 찾기 힘들었다. 물론 그것은 나의 부족함 때문일 수도 있고, 그들만큼 다독하지 못함으로 인한 질투심일 수도 있다. 하지만 여전히 의문은 남는다. 어떻게 '다독(多讀)'이 권위가 될 수 있는지에 대해서 말이다.

　위에서도 말했듯 글을 읽는 속도가 빠를 수는 있지만 생각의 속도가 빠를 수는 없다. 우리는 컴퓨터가 아니다. 많이 읽는다고 많이 처리할 수 없다. 그건 다독이라는 권위에 존재하지 않는 사실이다. 생각해 보자. 책을 많이 읽었다는 사람을 보면서 머리가 좋다고 생각하는가? 큰 연관성이 없다.

　요즘 나온 독서법 책 중에는 유난히 다독을 강조하는 책이 많다. 물론 다독 자체가 나쁘다고 생각지는 않는다. 책을 많이 읽는 게 어찌 나쁠 수 있겠는가! 다만, 그 다독의 강조 뒤에 숨어 있는 좋지 않은 전제가 문제이다. 책을 읽는 속도가 사람마다 크게 차이 나지 않는 상황에서 남들과 비슷한 속도로 책을 읽어서는 많이 읽을 수 없다. 결국 다독을 위해서는 빨리 읽어야 된다는 전제가 깔려 있는 것이다.

독서의 목적을 자꾸만 강조하게 된다. 책은 나에게 수많은 정보와 자료로 새로운 생각을 할 수 있게 만드는 도구이다. 그런데 그런 목적은 잊은 채 다독의 권위만 갖기 위해 책을 읽으려는 사람이 있다. 당신은 인생을 책만 많이 읽은 사람이 되기 위해 살았다고 평가받고 싶은가? 우리가 원하는 다독의 권위는 그런 게 아닐 것이다.

다독을 자랑하는 작가들 말고 정말 책을 많이 읽은 사람들을 찾아보자. 김대중 대통령에게 다독이 권위가 된 것은 그에 부합하는 토론 실력이 있었기 때문이다. 동양철학자 도올 김용옥 선생도 3만여 권의 책을 읽었다고 한다. 그 역시 그에 걸맞은 다양한 경력을 갖고 있다. 동양철학박사, 한의사, 기자 등이 그것이다. 이러한 인물들의 다독 자랑을 들어 보았는가? 찾아보기 힘들다.

책을 많이 읽었다는 자랑은 양날의 검을 쥔 것과 같다. 스스로 많은 지식을 알고 있다고 뽐내는 것이니 증명할 책임을 져야 한다. 증명하지 못하면 거짓말쟁이가 되거나 아둔한 사람으로 평가받을 수도 있다.

　책을 새로운 생각을 접하거나 기존의 생각을 돌아보는 도구로
바라보자. 그런 지적 호기심을 채워나가다 보면 언젠가는 집에 책
이 넘쳐나서 주체할 수 없는 고통을 맛보게 될 것이다. 다독은 단지
그런 것이다. 한 권씩 읽다 보면 이루어지는 그 무엇일 뿐이다.

5장

책을 삼키는
가장 완벽한 방법

당연하게 받아들이지 않기

의미 없는 책읽기

•

독일의 철학자 '니체' 하면 무엇이 떠오르는가? 철학에 대한 관심과 애정이 넘쳐서 니체를 공부했다면 더 많은 것을 알겠지만, 일반적으로 니체라는 이름 정도는 누구나 알고 있을 것이다. 그렇다면 혹시 이 말은 들어보았는가?

"신은 죽었다."

그렇다. 이 말을 한 사람이 바로 니체(Nietzsche)이다. 당시도 그랬고 지금도 그랬지만 이 말은 많은 기독교인들을 불편하게 하고 있다. 자신들이 믿는 신이 죽었다고 뻔뻔하게 입을 놀리는 독일인을 어찌 가만둘 수 있겠는가! 그렇다면 니체는 왜 이런 말을 했을까? 먼저 이유를 알아야 한다. 이유도 모르는 상태에서 어떤 주장을 비판한다면 그 비판은 비난이 될 뿐이다.

니체는 종교인이 아니었다. 그렇다고 단지 무신론자라서 신을 믿는 사람들을 조롱하거나 비판하는 말을 할 사람은 아니다. 물론 니체는 기독교를 좋아하지 않았다. 아니, 사실은 수많은 감정적인 언어로 기독교를 비판하고 난도질하고 다녔다. 게다가 니체는 불평이 많은 인물 중 한 명이기도 했다. 특히 여성에 대해서는 더욱 심했다. 거의 경멸에 가까운 언행을 서슴없이 해댔다. "그대 여자에게 가려는가? 채찍을 잊지 말라."라는 말까지 할 정도였다. 그의 이런 화려한 이력을 접하면 그의 모든 것을 부정하고 싶어진다. 그러나 지금 그러한 것들은 중요치 않다. 여기에서는 그가 한 말인 "신은 죽었다."만 판단해 보려고 한다.

서양철학의 역사를 보면 그리스 철학을 시작으로 해서 가톨릭 철학으로 넘어간다. 그 뒤로 르네상스 시대가 오고 근대철학이 시작된다. 르네상스는 인간의 이성을 중요시했지만 여전히 신의 힘은 막강했다. 수많은 철학자들이 신의 존재를 증명하기 위해 자신의 인생을 소비했다. 스피노자는 무신론을 주장한다는 의심을 받고 나서 자기 철학의 대부분을 신의 존재를 증명하는 데 투자했다.

니체는 그보다는 좀 더 여유 있는 시기에 살았다. 교회에 대한 비판을 하면서도 종교재판을 걱정할 필요는 없었다. 그렇지 않았다면 자신의 여성 비하 발언에 담겨 있는 행위를 직접 경험하게 되었을 수도 있다. 아무튼 니체를 가장 좋게 평가한 사람들의 입장을 공유한 후 그의 말 "신은 죽었다."를 평가하자면, 니체는 단지 신의 존재에 대한 물음을 거부하고 싶어 했을 뿐이다. 그에게 중요한 것은 인간세계였다. 그는 신의 이름으로 더 이상 무언가를 할 수 없다는 사실을 깨닫고, 신의 이름 아래 꽃피운 유럽 문명도 이제는 종말하리라고 예언한 것이다. 그러면서 새로운 시작을 알리고 싶었다. 신이 지배하지 않는, 강한 인간이 약한 인간을 지배하는 세계를 그는 꿈꾸었다.

나는 인간의 문제를 인간이 해결해야 한다는 니체의 생각에는 동의한다. 사실 그의 이런 용기와 지혜는 지금 우리가 사는 세상에 큰 디딤돌이 되었다. 하지만 그 후 그가 내린 결론은 무엇 하나 찬성하기가 힘들다. 니체는 엘리트주의에 빠져 있었고, 강한 인간, 즉 초인만을 숭배했다. 약한 인간은 지배당해도 상관하지 않고 나폴레옹 같은 정복자만을 칭송했다. 물론 이런 판단의 기준은 현재의 민주주의적 사고관의 반영이라는 점을 알려두고 싶다.

다시 니체로 돌아가 보자. 난 분명 "신은 죽었다."라는 의미에는 동의한다고 했다. 특히 그가 이런 말을 할 수 있었던 비판정신을 높게 평가한다. 니체의 저서 《차라투스트라는 이렇게 말했다》의 한 부분을 보자.

"평가하는 것은 창조하는 것이다. 평가하는 행위를 통해서만 이 모든 것에 가치가 부여된다. 평가할 수 없다면 존재하는 모든 것은 껍데기일 뿐이다."

니체는 인간이 가치를 창조하는 방식을 설명한다. 어떤 물건이라도 인간이 그것을 평가하기 전에는 가치가 없다. 누구는 나무십자가를 보고 단순히 불을 때는 용도로만 떠올릴 수 있고, 누구는 자신의 죄를 구원해 줄 도구라고 생각할 수도 있다. 이러한 차이는 인간이 어떤 물건을 평가했기 때문에 발생한다. 아무런 평가가 없다면 니체의 말처럼 그것은 그냥 껍데기일 뿐이다.

책도 마찬가지다. 단지 읽기만 한다면 그 책은 껍데기일 뿐이다. 그 책의 내용을 평가해야 가치가 생긴다. 책을 읽고 어떤 평가도 하지 않았다면 그것은 그냥 종이뭉치일 뿐이다. 그 책에는 어떠한 의미도 존재하지 않는다.

비판적으로 책을 읽는 일은 책에 가치를 부여하는 작업이다. 비판 자체가 무언가를 평가하는 일이고, 그 평가가 가치를 만들어 내기 때문이다. 그 작업에서 중요한 것은 자신의 기준을 갖는 일이다. 그리고 그 기준에 바탕해 이리저리 옳고 그름을 판단해야 한다. 그 같은 작업을 거치고 나면 책에 대하여, 더 나아가 책이 포함하고 있는 논리나 지식에 가치를 부여하게 된다.

의심할 용기 갖기

•

축구의 종주국은 영국이다. 영국이라는 나라에서 축구를 뺀다면 세계에서 가장 많은 우울증 환자를 보유한 국가가 될 것이다. 지역 신문은 프로축구 선수들이 이사를 가는 것까지 기사로 쓰기도 한다. 영국은 축구 자체가 일상인 나라이다.

영국은 축구를 창조했지만 축구로 세계 1등인 나라는 아니다. 월드컵에서 우승한 경험은 자국에서 개최한 1966년 단 한 번뿐이다. 요즘에는 영국이 월드컵에서 우승하리라고 예상하는 도박사조차 별로 없다.

영국에는 자신들이 창조했지만 세계 최고가 아닌 분야가 하나 더 있다. 바로 경제학이다. 보통 경제학의 시작을 애덤 스미스의 《국부론》으로 평가한다. 엄밀히 말하면 애덤 스미스는 영국 옆에 있는 스코틀랜드 출신이지만……. 《국부론》은 한 국가의 부를 증진시키는 방법에 대해 서술한 책으로 그 기준이 되는 나라가 영국이었다. 당시 영국은 세계에서 가장 발전한 국가였다. 하지만 지금은 유럽에서도 그리 잘 나가는 편은 아니다.

현대 경제학에는 주류와 비주류가 있다. 영국에서 시작한 경제학이 주류를 이루던 시절이 있었지만 지금은 아니다. 마치 축구처럼 1등의 자리를 내어 준 지 오래 되었다. 지금까지 세계 최강의 국가는 누가 뭐라고 해도 미국이다. 경제학도 미국이 주도권을 잡기 시작했다. 특히 경제학을 주류와 비주류로 나누는 것도 미국 자체 내에서의 분류에 가깝다.

밀턴 프리드먼(Milton Friedman) 시카고 대학 교수가 1976년 노벨 경제학상을 받으면서 지금의 주류 경제학을 창조했다고 평가받는다. 그는 통화주의 경제정책으로 케인스주의 정책 반대의 선봉에 섰다. 그의 활약으로 경제학에서 시카고학파의 이론이 주류 경제학이 되었고, 그에 반해 시카고학파의 적군이었던 케인스 경제학자들은 비주류로 전락하고 말았다.

이러한 분류는 미국이나 한국에서 일반적으로 받아들여진다. 하지만 경제학의 학파가 단지 두 개밖에 없다고 생각하면 큰 오산이다. 행동주의 경제학파부터 제도주의 경제학파까지 다양하게 존재한다. 그중 가장 오랜 전통을 지닌 경제학파가 하나 있다. 바로 마르크스 경제학파이다. 특히 《자본론》을 중심으로 한 마르크스 경제학은 자본주의가 위기에 빠질 때마다 주류 경제학을 위협한다. 미국에서는 경제가 불황에 빠지면 《자본론》의 판매가 늘어난다고 한다.

물론 마르크스 경제학은 교조주의와 훈고학이라는 비판에 직면해 있다. 교조주의는 마르크스를 신처럼 받들면서 비판하지 않는다는 의미이고, 훈고학은 마르크스 경제학이 《성경》 연구처럼 되어버렸다는 뜻이다. 또 21세기의 경제를 19세기에 저술된 《자본론》으로는 올바르게 연구할 수 없다는 지적도 받는다.

나는 이러한 비판이 충분히 경청할 만하다고 생각한다. 현실의 모든 경제정책은 주류 경제학이 만들고, 세상은 주류 경제학을 기준으로 돌아간다. 그러니 마르크스 경제학처럼 자본론의 의미만 해석하는 것은 오히려 현실을 외면하는 연구가 아니겠는가. 하지만 그러한 비판에도 불구하고 《자본론》은 여전히 인기가 높다. 150여 년 전에 저술된 책이 지금도 여전히 높은 가치를 부여받고 있는 것이다. 도대체 무엇이 《자본론》을 그렇게 대단하게 만들었을까?

마르크스의 《자본론》은 자본주의를 분석한 책이다. 자본주의가 어떤 원리에 의해 운영되고 있는지 또는 문제는 무엇인지 과학적으로 분석해 놓았다. 특히 《자본론》은 애덤 스미스의 《국부론》을 철저하게 검증하고 비판한다. 아마 마르크스는 《국부론》을 수없이 반복해서 읽었을 것이다.

스기하라 시루오(杉原四郎) 등 일본인 경제학자가 쓴 《자본론 이야기》라는 책에는 마르크스에 관한 여러 일화가 나온다. 그중에서도 "모든 것을 의심하라."는 마르크스의 좌우명 부분은 매우 인상적이다.

마르크스는 존재하는 그 무엇도 당연하게 받아들이지 않았다. 농촌에서 농사를 짓던 농노들이 도시로 와서 열여섯 시간씩 일을 하는 현실을 당연하게 받아들이지 않았으며, 대여섯 살 먹은 어린 아이들이 굴뚝 청소에 동원되는 현실을 당연하다고 생각하지 않았다. 그는 모든 것을 의심했다. 그리고 판단했다. 그것이 옳은지 그른지를……

마르크스는 현실의 문제점을 알기 위해 현실을 정당화하는 책들을 수없이 반복해서 읽었다. 그 누구보다도 잘 이해하고 싶었을 것이다. 그리고 완전히 이해했다고 판단한 후에 본격적으로 비판하면서 《자본론》을 썼다. 《자본론》의 부제가 바로 '정치경제학 비판'이다.

옳고 그름을 따지면서 책을 읽기 위한 기본 독서 자세는 바로 '의심을 두려워하지 말아야 한다.'는 것이다. 앞에서 의심은 아무 잘못이 없다고 했다. 오히려 세상에 존재하는 모든 문제는 '믿음'에서 비롯된 것일 뿐 의심에서 비롯된 게 아니라고 했다.

또한 니체는 평가가 창조를 만든다고 했다. 평가는 비판적으로 사물을 바라보고 난 후에 결론을 내리는 행위 아닌가. 그렇게 내린 결론은 분명 뭔가의 가치를 창조하기 마련이다. 만약 누군가의 평가를 단순히 믿는 것으로 그친다면 그것은 창조가 아니다. 주인의식 없는 노예의 복종일 뿐이다.

마르크스도 자본주의라는 현실을 비판하면서 자본주의는 다수의 노동자가 고통을 받을 수밖에 없는 시스템이라는 평가를 통해 《자본론》의 가치를 창조했다. 그의 창조에는 당연히 현실 비판과 그 현실을 지지하는 생각에 대한 비판이 있었다. 그럼 그는 어떻게 그런 비판을 할 수 있었을까? 이 질문에 대한 대답은 그의 좌우명이 도와줄 것이다. 마르크스는 의심을 두려워하지 않았다. 뭔가를 믿기 전에 이미 의심할 준비가 되어 있었다. 책을 읽기 위해 갖추어야 할 기본자세를 마르크스가 정확히 설명해 주고 있다.

　나는 당신이 좋아하는 누구의 말도 의심할 수 있어야 한다고 생각한다. 당신이 믿는 그 무엇도 의심할 용기가 있어야 한다. 의심하지 않으면 판단할 수 없다. 당신이 갖고 있는 판단이 스스로 갖게 된 것인지 의심해 보라. 그런 의심이 있어야 비판할 수 있다. 의심이 멈추는 곳에 믿음은 자리를 잡고 집을 짓는다. 비판은 당신을 노예의 길에서 주인의 길로 인도할 것이다. 그리고 자신을 창조할 것이다. 그러기 위해서는 의심할 수 있어야 한다. 의심이 무뎌지면 비판도 무뎌진다. 그 무뎌진 비판으로는 창조를 할 수 없다.

　컴퓨터는 수많은 정보를 갖고 있지만 지식을 창조하지 못한다. 왜냐하면 컴퓨터는 스스로 정보를 의심하고 판단할 수 없기 때문이다. 우리는 컴퓨터가 되어서는 안 된다. 아니 그렇게 될 수도 없다. 무엇이든지 의심할 용기를 갖자. 그래야만 비판할 수 있다.

주장과 이유,
근거와 전제 확인하기

주장과 근거를 알자

•

앞서 책을 제대로 읽으려면 책을 이해하는 것이 먼저이고, 그 이해를 위해서는 글의 주장과 근거를 파악해야 한다고 했다. 나아가 글 안에 있는 주장과 근거를 확인하는 방법으로 요약하기를 추천했다. 사실 이는 대략적인 이해의 방법이다. 직접 해 보지 않고서는 정확히 알기 힘들다.

나는 이런 대략적인 방법을 좋아한다. 누군가에게 뭔가를 전달할 때 항상 여백을 주고 싶다. 전달받는 사람이 스스로 해 보고 직접 느껴보기를 바라기 때문이다. 만약 그렇지 않고 세세하게 모든 것을 떠먹여 주려고 한다면 배우는 사람은 숟가락 사용법을 잊어버리게 될지도 모른다. 그럼에도 지금부터 이야기할 내용은 구체적이다. 하나하나 따져보듯 설명하려고 한다.

《비판적 사고(Critical Thinking)》의 저자 리처드 폴(Richard Paul) 박사는 자신의 책에서 비판적 사고를 구성하는 여덟 가지 요소를 제시한다.

1. 목적
2. 현안 문제 질문하기
3. 개념 파악
4. 가정-전제
5. 정보-주장을 이루는 근거, 자료, 관찰
6. 추론을 통해 도달한 결론
7. 관점
8. 결론이 함축하는 귀결

리처드 폴 박사는 이 여덟 가지를 비판적으로 사고하는 과정에서 필요한 요소들로 보았다. 이 같은 요소를 통해 사람들은 비판적 사고를 한다는 것이다. 여기서 이 여덟 가지 요소를 이용해 사람들이 비판적으로 사고하는 과정을 구성해 보면 다음과 같다.

비판적으로 생각을 하려면 우선 어떤 '목적'을 갖고 '문제에 대해 질문'을 해야 한다. 그다음 기본적인 '개념'을 파악한 후에 그 문제의 '가정-전제'를 생각하며 '정보'를 수집한다. 그렇게 얻은 정보는 '추론을 통한 결론'에 도달하는 데 필요하고, 그 결론에 포함된 '관점'은 무엇이며, '결론이 함축하는 귀결'은 무엇인지 파악한다.

이런 과정이 리처드 폴이 말하는 비판적 사고의 과정으로 보인다.

비판적으로 사고한다는 말은 비판적으로 읽을 수 있다는 뜻이기도 하다. 그러나 이 둘에는 동전의 양면처럼 약간의 차이가 있다. 리처드 폴은 사고하는 방법을 알려주고 싶어 한다. 그에 반해 우리는 그런 사고 과정이 포함되어 있는 글을 분석하는 입장이 되어야 한다. 비슷한 측면이 많지만 하나는 글을 쓰는 입장에서 필요하고 하나는 글을 읽는 입장에서 필요하다. 우리는 지금 글을 읽고 있다. 리처드 폴이 이야기하는 비판적 사고는 이해하는 과정과 비판하는 과정 두 가지를 동시에 해야 하지만 비판적 독서를 할 때는 이 둘을 구별해야 한다.

우리는 누군가의 사고방식을 비판적으로 검토해야 한다. 특히 리처드 폴의 여덟 가지 요소는 사람들이 사고하는 시간의 과정에서 추출하다 보니 이해와 비판이 혼재되어 있다. 사람의 생각은 언제나 연결되어 있어서 명확하게 구별하기가 쉽지 않기 때문이다.

그렇다면 이제 리처드 폴의 여덟 가지 요소를 비판적으로 책을 읽는 데 필요한 요소로 바꾸어 보자.

우선 기본이 되는 것은 '질문하기'이다. 질문하지 않는다면 이해와 비판 모두 할 수 없다. 질문의 중요성은 이미 앞에서 설명했다. 책을 이해하기 위해서는 글쓴이의 주장을 파악해야 하고, 그 '주장을 뒷받침하는 근거'를 확인해야 한다. 그리고 그 주장과 근거를 연결하는 논리를 알아야 한다. 당연한 일이다.

물론 그전에 선행되어야 하는 중요한 작업이 있다. 바로 사물이나 현상에 대한 일반적인 지식인 개념을 이해하는 것이다. 책에서는 뭔가를 설명하기 마련이고, 그 설명에는 항상 어떤 개념이 등장한다. 그런데 이런 개념을 이해하지 못하면 주장을 파악해도 잘 이해하지 못한다. 근거를 파악했어도 이해할 수 없다. 결국 책을 이해하는 기본 중의 기본이 '개념 파악'이라는 이야기가 된다. 우리가 영어로 된 책을 읽으면서 바로 이해 못하는 이유는 단어 하나하나에 대한 이해도가 떨어지기 때문이다. 수학 문제는 개념을 모르면 풀기가 어렵다. 난해한 개념이 무차별적으로 등장하는 법학 책이나 철학 책을 보면 졸음을 피하기 어려운 것도 그래서이다. 이런 책들은 단어의 이해도가 간접적이라는 측면에서는 외국어로 된 책과 비슷하다. 그만큼 단어 하나하나에 대한 이해는 글의 이해에서 매우 중요하다.

개념을 파악한 후에 주장과 근거를 알았다면 마지막으로 남는 것은 논리를 파악하는 일이다. 여기까지가 책을 이해하는 과정이다. 우리는 논리라고 하면 대개 연역법이나 귀납법을 떠올리기 쉽다. 이를 보통 형식논리라고 하는데, 막상 책을 읽으면서 '이것은 귀납법이고 이것은 연역법이네.' 하는 사람은 없을 것이다. 정말 필요한 것은 주장과 근거가 어떻게 연결되어 있는지를 아는 것이다.

논리에 대해 설명하는 책을 읽다 보면 우선 용어에서 오는 혼란이 있다. 철학박사 박은진의 《비판적 사고를 위한 논리》라는 책에서는 '전제와 주장'만으로 논리구조를 설명하고, 김광수 전 한신대 철학과 교수가 쓴 《논리와 비판적 사고》에서는 '근거와 주장'으로 논리구조를 설명한다. 용어는 조금씩 다르지만 내용은 비슷하다. 다만, 이러한 용어의 차이가 이해를 어렵게 할 뿐이다. 우선 용어부터 정리해 보자.

사실 우리가 무엇인가를 '주장'하기 위해서는 그 주장이 나온 '이유'를 설명해야 한다. 예를 들면, '학원에 다녀야 한다.'는 주장에는 '성적을 올리기 위해서'라는 이유가 있을 수 있다. 보통 주장을 펼칠 때 이유와 주장을 동시에 말하기 때문에 '주장'이라는 말로 뭉뚱그려 말하기도 하지만 이유와 주장은 엄연히 다르다. 그 사이에 논리적 연결성이 들어가고, 그 연결고리가 얼마나 탄탄한가에 따라 글의 완성도가 좌우된다.

일반적으로는 이유와 근거를 구별하기가 쉽지 않다. 우리는 누군가 주장을 하면 그 주장의 근거가 뭐냐고 묻는다. 그러한 물음은 때론 '이유'를 묻는 것이기도 하고 진짜 '근거'를 묻는 것이기도 하다. 그렇지만 이유와 근거 사이에는 분명한 차이가 있다. 만약 '학원에 다닌 아이들의 성적 향상도가 60퍼센트였다는 연구논문'이 있다면, 그 사실은 '아이들이 성적을 올리기 위해서는 학원에 다녀야 한다.'는 주장의 근거가 될 수 있다. 즉, 근거는 이유를 강화시켜 주는 객관적인 자료를 의미한다. 반면, 이유는 주장을 뒷받침하는 개인적인 생각이다. '성적을 올리기 위해서'라는 이유는 주장하는 사람의 의견일 뿐이지 객관적인 사실이 아니다. 그 개인적 생각이 증명력을 가지려면 객관적인 근거가 뒷받침되어야 한다. 주장과 이유가 모두 개인적인 생각이다 보니 '주장'이라는 단어에 포함시켜 이야기하는 경우가 많을 뿐이다.

요약해 보면 우리가 파악하기 위한 논리구조에는 개인이 말하고자 하는 '주장'이 있고, 그 주장을 개인적 생각으로 뒷받침하는 '이유'가 있다. 다음으로 그 이유에 타당성을 부여하기 위해 객관적 사실인 '근거'로 이유를 보조해 준다. 글은 이들 사이의 관계가 치밀할 때 논리적이라는 평가를 받는다.

그러나 그것으로 끝이 아니다. 집을 지을 때 우리가 한옥이건 아파트건 말하지 않아도 부정하지 않는 사실들이 있다. 집을 땅 위에 짓는다고 생각하는 것, 들어갔다 나올 수 있는 문의 존재 등이 그것이다. 이 모두 당연하게 생각되는 것들이다.

논리에서는 이러한 당연한 것을 '전제'라고 이름 붙인다. 어떤 이유와 주장도 '전제' 없이는 나오지 않는다. 왜냐하면 인간은 오감(五感)으로 세상을 경험해야 생각이란 걸 할 수 있게 설계되어 있어, 우리는 무엇인가를 주장할 때 존재하는 사실을 보고 나서 그 사실을 바탕으로 생각을 전개하기 때문이다. 그래서 모든 주장과 이유에는 일정한 전제를 갖고 있다. 특히 '전제'는 주장과 이유를 연결해 주는 역할을 한다. 분석해 보면 전제는 보편적인 상황에서 보편적인 추론을 이끈다. 그에 반해 주장과 이유는 구체적인 상황에서 구체적인 추론을 이끈다. 예컨대, '성적 향상을 위해서는 학원을 다녀야 한다.'라는 구체적인 주장에는 '좋은 점수를 받기 위해서는 공부를 해야 한다.'라는 보편적인 전제가 포함되어 있다.

그러나 이러한 전제는 하나가 아니다. 모든 주장과 이유마다 여러 전제들이 깔려 있다. 다만, 주장과 이유를 연결해 주는 전제가 가장 직접적일 뿐이다. 생각해 보자. '학원을 다녀야 한다.'라는 주장에는 '학생은 공부를 해야 한다.'는 전제가 있다. '성적 향상을 위하여'라는 이유에는 '공부를 잘하면 좋다.'라는 전제가 있다. 물론 글에서 이러한 전제를 설명하지는 않는다. 장황한 전제의 설명은 글의 명확성을 떨어뜨리기 때문이다. 때로는 읽는 사람의 이해를 위해 설명해 주기도 하지만 그것은 보통 주장과 이유를 연결하는 전제에 국한된다.

주장, 이유, 근거, 전제의 관계를 나타내 보면 다음과 같다.

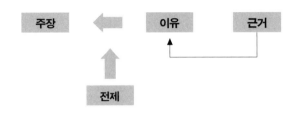

세월호 참사가 경제를 침체시켰다?

•

학문은 인간세계를 관찰하면서 시작되었다. 그러다가 자신의 관찰을 토대로 생각을 만들고, 그 생각을 비판적으로 검토하는 과정을 거쳐 책으로 남겼다. 우리는 그러한 생각을 지식(知識)이라고 부른다. 지식의 근원은 외부 관찰로부터 시작되었다. 그런데 우리는 그러한 지식을 책 속에만 머물게 한다.

나는 '아는 것이 힘'이라는 속담을 믿는다. 지식을 쌓으면 세상을 좀 더 편하고 선명하게 살 수 있게 해 준다. 읽지 못하던 사람들이 글을 배우고 나서 느끼는 선명함과 같다고나 할까! 그런데 우리는 그런 선명함을 책을 읽으면서는 느끼지 못할 때가 많다. 왜 그럴까? 아마도 그건 책이 갖고 있는 지식을 책 속에만 머물게 하는 우리의 습관 때문일지 모른다. 이제는 이처럼 책 안에 있는 지식을 책 밖으로 꺼내는 연습을 해 보자.

2014년 4월 16일, 진도 근처에서 여객선이 침몰했다는 기사가 온갖 매스컴을 도배했다. 곧이어 승객 전원이 구출되었다는 기사가 바싹 붙어서 올라왔다. 사람들은 안도했으나 오래가지 못했다. 배는 컸다. 크루즈라고 하는, 모든 편의시설을 갖춘 대형 선박으로 승객만 해도 무려 476명이었다. 전원 구출이라는 말에 큰일은 아닐 것이라 생각했다. 하지만 바다 한가운데서 배가 침몰했다는데 전원 구출이라니 조금씩 의심이 들기 시작했다. 위급한 순간에서 그런 집계를 어떻게 정확하게 한단 말인가! 아니나 다를까 불행히도 그 의심은 기우(杞憂)가 아니었다. 170여 명만이 구조되었고 3백 명이 넘는 사망자와 실종자가 발생했다. 바로 세월호 참사이다.

혼돈의 대한민국이었다. 온갖 비리에 물들어 있다는 증거가 곳곳에서 드러나기 시작했다. 세월호는 실을 수 있는 화물의 두 배 이상을 적재했고, 그 화물을 제대로 결박하지도 않고 바로 출항했다. 누구도 그런 위험을 감시하지 않았다. 게다가 사고가 발생하고 나서의 사태는 더더욱 심각했다. 바다에서 배가 침몰하면 해양경찰은 구조 의무를 진다. 하지만 그들은 최선을 다해 구조하지 않았다. 눈에 보이는 선장과 승무원들부터 구조하기 바빴고, 배 안의 보이지 않는 승객들을 위한 구조작업에는 적극적이지 않았다. 그들은 배의 침몰을 지켜보고만 있었다.

대한민국은 슬픔에 잠겼다. 사람들은 먹고 마시고 즐기는 행위에 죄책감을 느꼈다. 시간이 지나자 자영업자들은 세월호 참사가 장사를 망친다고 생각했다. 목구멍이 포도청이었다. 유가족들은 오직 철저한 진상조사만을 원했다. 그 이상은 바라지도 않았다.

그러나 정부와 여당은 반대했다. 입으로는 대통령까지 나서서 철저한 진상조사를 외쳤지만 정작 수사권과 기소권을 진상조사위원회에 부여하는 것은 위헌의 소지가 있다며 안 된다는 말로 일관했다. 유가족들은 분노했고 정치인, 종교인, 대학생을 비롯한 많은 사람들이 그 분노에 동참하고 저항했다. 단식도 하면서……. 하지만 정부와 여당의 태도는 바뀌지 않았다.

이런 상황에서 사람들은 나뉘어 두 가지 주장을 하기에 이르렀다. '경제가 어려우니까 세월호 문제를 빨리 해결하고 가자.'가 그 첫 번째이고, '또 다른 세월호가 나오지 않게 하기 위해 진상조사를 철저히 하자.'가 두 번째이다.

지식은 언제나 현실을 바라보는 도구여야 한다. 가끔 보면 정치적 문제에 대한 언급을 꺼리는 사람들이 있다. 정치적 문제를 벗어나 어떻게 사회를 이루고 살 수 있단 말인가? 정치는 생활이고 일상이다. 혼자만의 정치혐오증으로 누군가의 주장에 선입견을 갖는 것은 그 자체로 편견에 빠진 상태이다. 위의 두 주장을 정치적으로만 보지 말자. 그냥 우리가 공유하는 일상이다. 그럼 두 주장을 비판하기 전에 이해를 위해 분석부터 시작해 보자.

첫 번째 주장은 이유와 주장이 하나로 묶여 있다. '경제가 어려우니까'가 이유이고 '세월호 문제를 빨리 해결하고 가자.'가 주장이 된다. 만약 당신이 2014년 한국경제가 어려운 상태라고 생각한다면 '경제가 어려우니까'라는 이유에 근거를 요구하진 않을 것이다. 물론 주장을 하는 사람이 자신의 주장을 강화하기 위해 근거를 제시할 수도 있다. 여기에는 자영업자의 신용카드 매출이 30퍼센트 감소했다는 통계자료가 근거가 될 수 있다. 그렇다면 이 주장은 완전한 설득력을 가질까? 아니다. 아직 전제를 파악하는 작업이 남아 있다. 그러면 '경제가 어려우니까 세월호 문제를 빨리 해결하고 가자.'라는 주장의 전제는 무엇일까? 위의 주장은 사실 단순하다. 원인과 결과로만 이루어져 있다. 세월호 참사가 경제를 어렵게 만들었으니 그에 대한 해결책으로 세월호 문제를 빨리 해결해야 한다는 말이다. 당연히 첫 번째 문장의 전제는 '세월호 참사가 경제를 침체시켰다.'는 것이 되어야 한다.

이번에는 '진상조사를 철저히 해서 또 다른 세월호가 나오지 말게 하자.'라는 주장을 보자. 이 문장 역시 이유와 주장이 하나로 되어 있다. 이유는 '또 다른 세월호가 나오지 않게 하기 위해'이고 주장은 '진상조사를 철저히 하자.'이다. 물론 이 주장에도 근거는 없다. 세월호 참사의 원인은 불분명하다. 세월호가 과적 기준을 위반한 것이 원인이 될 수도 있고, 해경이 구조 의무를 제대로 이행하지 않은 것이 원인이 될 수도 있다. 물론 둘 다일 수도 있고 또 다른 원인이 있을 수도 있다. 그래서 위의 주장은 원인이 불분명하니 진상조사를 철저히 하자는 것이다. 이때 '진상조사를 철저히 하자.'의 근거는 자연스럽게 '불분명한 원인'이 되어야 한다. 과적 기준 위반이나 해경이 구조를 안 한 사실 모두가 근거가 될 수 있다. 이제 전제를 파악해 보자. 두 번째 주장은 진상조사를 철저히 하면 또 다른 세월호 참사가 나오지 않는다고 했다. 이는 '문제의 원인을 정확히 파악하면 문제를 해결할 수 있다'는 점을 전제로 하고 있다. 사건의 문제해결 방식을 주장의 전제로 사용하고 있는 것이다.

위의 두 주장을 보면서 동의하는 부분과 그렇지 않은 부분이 생길 것이다. 그런데 당신에게 동의하지 않는 부분은 어떻게 생긴 것일까? 그건 위 두 주장을 분석적으로 파악했기 때문이다. 저런 주장에 대한 이유와 근거, 그리고 전제가 무엇인지 확인을 했기 때문에 타당한 주장인지 아닌지 판단할 수 있게 된 것이다.

파고들어 비판하기

오로지 글자로만 판단하자

●

경제학이라는 학문을 생각해 보자. 무엇이 떠오르는가? 추측 건대, 가장 먼저 떠오르는 것은 숫자일 것이다. 또 그 숫자를 표현하기 위해 동원되고 있는 그래프와 공식들도 빠질 수 없다. 경제학이란 학문에 포함되어 있는 이런 숫자의 힘은 실로 엄청나다. 특히 경제학이 갖고 있는 학문적 위상은 이 숫자들의 공헌으로 이루어졌다. 경제학을 과학적 학문이라고 생각하게 만들었으니 무슨 추가 설명이 필요하겠는가!

이러한 공헌에 지대한 역할을 한 사람이 영국의 경제학자 알프레드 마셜(Alfred Marshall)이다. 신고전학파의 창시자로 알려진 그는

《경제학 원리》라는 책을 쓴 것으로도 유명하다. 지금은 신고전학파가 부자를 위한 경제학으로 알려졌지만, 사실 마셜은 그런 인물이 아니었다. 마셜이 정치경제학을 공부하게 된 이유는 수학으로 설명할 수 없는 현실을 보았기 때문이다. '도대체 왜 부자들은 아무 일도 하지 않으면서 배부르게 살고, 가난한 사람들은 힘들게 일하는데도 배고프게 살아야 하는가?'라는 질문에 수학은 마셜에게 답을 줄 수 없었다.

그러나 수학은 자신의 생각을 증명하기에는 좋은 도구였다. 언어는 여러 가지의 해석이 가능하지만 숫자는 그렇지 않다. 1은 언제 어느 곳에서나 1이었다. 그 결과 마셜의《경제학 원리》라는 책이 지금 우리가 보는 경제학 교과서의 기원이 된다. 또한 그는 영국 케임브리지 대학 최초의 경제학과 교수가 되었다.

케임브리지에 경제학 교수로 취임하는 마셜은 그 자리에서 이런 말을 남겼다.

"경제학자는 냉철한 이성을 가져야 한다. 그러나 따뜻한 가슴을 잊지 말아야 한다."

알프레드 마셜의 이야기를 꺼낸 이유는 두 가지이다.

첫 번째, 지식은 세상을 향해야 한다는 말을 하고 싶었다. 내가 지금 읽고 있는 책은 모두 세상으로부터 왔다. 내가 배운 지식이 쓸모가 없다면 나는 책을 읽을 필요가 없다. 마셜이 경제학을 공부한 이유는 세상을 이해하기 위함이다. 자신이 이해하지 못하는, 가난한 자는 왜 계속 가난해야 하는지에 대한 답을 알고 싶었기 때문이다.

두 번째는 그의 말을 전하고 싶었다. 그가 케임브리지에서 한 말은 '따뜻한 가슴과 차가운 이성'이라는 말로 바뀌어 자주 인용된다. 책을 읽고 나서 무엇인가를 비판할 때 필요한 것은 냉철한 이성이다. 가난한 사람의 고통을 느끼기 위해서는 따뜻한 가슴이 필요하겠지만, 그런 세상을 이해하기 위해서는 그것만으로는 안 된다.

지금부터는 냉철한 이성을 가져야 한다. 내가 좋아하고 싫어하고는 중요치 않다. 부모님이나 선생님이 가르쳐 준 지식도 마찬가지다. 지금 나에게 필요한 것은 냉철한 이성뿐이다. 그리고 오직 활자로만 책의 주장을 판단해야 한다. 책에 나온 화려한 제목이나 작가의 어마무시한 경력은 쳐다볼 필요가 없다. 오히려 나의 이성만 무뎌지게 만든다. 틀린 것은 틀렸다고 해야 하고 옳은 것은 옳다고 인정해야 한다. 나의 체면이나 개인적 이익은 잠시 잊어두자. 그것은 비판 후에 챙겨도 늦지 않다.

빈틈을 눈치 채라

•

초등학교에서 논리에 관한 지식을 가르친다고 하면 무조건 추론하는 방법만 공부시킨다. 연역법이나 귀납법이 무엇인지 가르친 다음 예문을 주고 연역법인지 귀납법인지를 맞힐 수 있는지 지켜본다. 문제를 잘 맞히면 논리성이 뛰어나다고 하고 잘 맞히지 못하면 반대로 평가한다. 그러다 보니 자연스럽게 공부를 잘하는 아이들이 논리성이 뛰어나다고 인정받는다. 왠지 당연한 결론 같아 보인다. 공부를 잘하니 당연히 논리성이 뛰어나지 않겠는가!

하지만 만약 위에 제시된 사실로 논리성이 뛰어난 아이들이 공부를 잘하는지 판단하려면 하나의 전제 조건이 필요하다. 바로 연역법과 귀납법이 무엇인지 구별하는 평가방법 자체가 효율적이어야 한다는 점이다. 혹시 객관식 시험이 논리성을 판단하는 데 적절하다고 생각하는가? 그렇다면 논리성을 판단하기 위한 프랑스의 수능은 왜 객관식 시험이 아닌 논술시험으로 보는가? 나는 똑같은 질문을 한 것이다. 연역법이나 귀납법을 구별하는 평가문제에는 보기가 있다. 객관식 시험이다. 그에 반해 논리라는 것은 태생이 지극히 주관적이고 형식이 없다. 타당성과 적절성이 있을 뿐이다. 형식논리를 잘 파악할 수 있다는 말은 그런 문제를 잘 풀 수 있다는 의미일 뿐 논리적이라고 평가하기에는 무리가 있다.

그렇다면 이러한 형식논리가 책을 비판적으로 읽는 데 필요할까? 답부터 말하자면 나는 그다지 필요하지 않다고 말하고 싶다. 자전거를 탄다고 생각해 보자. 우리가 자전거를 탈 때, 페달을 밟는 힘이 자전거 체인으로 옮겨진 후 그 힘이 다시 바퀴에 전달되고, 그

바퀴는 원심력에 의해 중심을 잡아서 우리가 넘어지지 않고 자전거를 탈 수 있다는 매커니즘을 알아야 하는가? 물론 세상에 알아서 나쁜 것은 그다지 많지 않다. 형식논리도 알면 좋다. 하지만 책을 비판적으로 읽으면서 형식논리를 사용할 기회는 그리 많지 않다. 글은 대개 귀납추론이나 가설추론 형식을 바탕으로 쓰여지지만 쓰는 사람이 그런 형식논리를 염두에 두고 쓰지는 않는다. 어차피 논리는 생각의 흐름이다. 자기 생각의 흐름에 타당성을 두려고 노력할 뿐 어느 누구도 '나는 귀납법으로 나의 주장을 표현해야지.' 하고 생각하지 않는다. 다만, 타당하고 설득력 있게 주장하다 보니 귀납추론을 사용하거나 연역추론을 사용한 것이다.

그래도 알면 좋다고 했으니 잠시 대표적인 형식논리에 대해 알아보자.

우선 가장 많이 사용되는 방법은 귀납법이다. 이는 특수한 사실들에 대하여 공통점을 발견하고 그 공통점을 일반화시키는 추론 방법이다. 예를 들면, '철수는 컴퓨터를 하지 않는다. 영희도 컴퓨터를 하지 않는다. 둘은 공부를 잘한다. 따라서 컴퓨터를 하지 않으면 공부를 잘한다.'라는 형식이다. 물론 이 논리의 옳고 그름은 다시 따져 보아야 한다. 사실 이러한 개별 사건으로 일반화시키는 작업에서는 성급한 일반화의 오류가 빈번히 발생한다. 그래서 마지막에 얻을 결론과 그 결론을 뒷받침하는 이유가 밀접해야 한다. 앞에서 말한 공부를 잘하는 것과 컴퓨터를 하지 않는 것 사이의 관련성은 명확치 않다. 컴퓨터를 하면 공부할 시간을 빼앗긴다는 정도랄까. 당연히 논리적 빈틈이 생긴다. 비판적 시각을 갖는 데는 논리를 아는 것보다 빈틈을 눈치 채는 것이 훨씬 도움이 된다.

연역법은 일반적인 법칙에서 구체적 특징을 찾아내는 것이다. 앞의 예를 적용해 '공부를 잘하는 아이는 컴퓨터를 하지 않는다.'는 일반법칙이 있다고 해보자. 그러면 '철수는 공부를 잘한다.'라는 사실이 있을 때 위의 일반법칙으로 '철수는 컴퓨터를 하지 않는다.'가 성립된다. 이러한 방식이 연역법이다. 물론 철수는 공부를 잘하지만 컴퓨터를 할 수 있다. 이렇게 되면 위의 연역논증은 예외가 생기고 타당성이 떨어지게 된다. 바로 형식논리의 한계점이다. 논리적으로 성립되는 것과 그 논리가 진실인가 타당한가는 다른 문제이다.

마지막으로 가설추론을 살펴보겠다. 가설추론은 증명되지 않는 사실을 주장한다. 그리고 그 주장을 뒷받침하기 위한 사실들을 열거한다. 위의 연역법과 귀납법이 이미 존재하는 사실의 검증이라면 가설추론은 증명되지 않은 상황을 증명하기 위한 방식이다. 가령 '공부를 잘하는 아이는 컴퓨터를 하지 않는다.'는 가설명제를 생각했다고 치자. 그러면 그에 대한 근거로 '철수는 공부를 잘하는데 컴퓨터를 하지 않는다.'라는 사실을 찾는다. 더해 '영희는 철수보다 더 공부를 잘하는데 컴퓨터를 하지 않는다.'라는 사실도 찾는다. 그 다음에 이러한 이유로 '공부를 잘하는 아이는 컴퓨터를 하지 않는다.'라고 말하는 방식이다. 즉, 가설추론은 자신이 생각해 낸 주장을 증명하는 과정이다.

이러한 형식논리들은 어떤 결론을 얻는 방식을 설명하는 것으로, 그 결론을 얻는 과정이 타당하고 합당한가에 대해서는 정확히 알려주지 않는다. 또 모순이 발견되는 경우도 있다. 그리고 어떤 논증이 귀납법이나 연역법에 맞지 않는다고 해도 그냥 그 논증이 귀납법이나 연역법에 안 맞는다는 사실만을 알 수 있을 뿐이다. 그밖에 더 알 수 있는 것은 거의 없다. 실제로 중요한 것은 틀렸다면 어떻게 틀렸는지, 왜 틀렸는지를 아는 것이다. 괜히 명칭에 '형식'이라는 단어가 들어간 게 아니다.

비판을 위한 네 가지 포인트

•

지금부터 앞에서 다룬 세월호 참사 해결방법을 바라보는 주장 하나를 비판적으로 다루고자 한다. 우리가 비판하고자 하는 것은 책의 생각이므로 세월호 참사 해결방법 주장에 대해 비판하는 방식을 보며 그 비판 방법을 유추할 수 있을 것이다.

우선 이론적인 설명부터 해보겠다. 앞에서 보았듯이 누가 무언가를 주장하면 그 주장을 하게 된 이유를 이야기하고, 그 이유를 뒷받침하는 객관적인 근거를 댄다. 물론 근거 없이 이유만 나열하는 경우도 있을 수 있다. 그리고 글에는 분명하게 나타나 있지 않지만 이유와 주장 사이에 '전제'가 있다. 이 전제가 무엇인지 파악해야 주장의 논리구조를 정확히 이해할 수 있다. 따라서 이를 근거로 어떤 주장을 비판적으로 바라보려면 다음과 같은 과정을 거쳐야 한다.

1. 이유와 주장의 상관관계를 검토한다.
2. 이유를 뒷받침하는 근거가 타당한지 판단한다.
3. 그 주장의 전제는 무엇인지 파악한다.
4. 글의 목적이 무엇인지 파악한다.

번호는 순서를 의미하지 않는다. 네 가지 포인트가 있다는 점을 나타낼 뿐이다. 이제부터 이를 바탕으로 전에 보았던 세월호 참사 해결에 대한 주장 하나를 살펴보자.

'경제가 어려우니 세월호 문제를 빨리 해결하고 가자.'

이 글의 주장은 세월호 문제를 빨리 해결하자는 것이다. 그리고 그 이유로 경제가 어렵다는 것을 들었다. 물론 이 짧은 문장에 근거는 보이지 않는다. 다만, 앞에서 말한 것처럼 세월호 참사 후 자영업자 신용카드 매출이 30퍼센트 정도 줄었다는 통계자료가 있으니, 이 자료가 세월호 참사 후 경제가 어려워졌다는 이유의 근거가 되었다고 가정해 보자.

먼저 이유와 주장의 상관관계를 검토해야 한다. 경제가 어려우니 세월호 문제를 빨리 해결하자는 주장이 타당해지려면 그 반대를 생각해 보면 된다. '세월호 문제를 빨리 해결하면 경제가 회복된다.'는 문장이 타당해져야 하는 것이다. 그런데 경제가 어려운 이유를 단순히 세월호 참사 때문이라고 단정 지어서 말할 수 있을까? 대한민국 경제는 2008년 금융위기 이후 잠시 회복하는 듯하다가 장기불황으로 접어들고 있는 상황이라고 보는 이들이 많다. 가계부채는 계속 증가하고 기업들의 성장률도 점점 떨어진다. 물론 경제 관련 지식이 없는 사람들이 이러한 사실을 알기는 어렵다. 그래도 최소한 경제가 어떤 사건 하나에 의해 나빠졌다가 좋아졌다가 하지는 않는다는 정도는 알 수 있다. 당연히 위의 주장에서는 이유와 주장 사이에 타당성이 많이 떨어진다.

그다음 근거를 판단해야 하는데, 이때 주의할 점이 한 가지 있다. 바로 근거 자체를 인정하지 않으면 안 된다는 것이다. 근거를 의심하면 당신도 모르고 나도 모르는 상황이 될 뿐이다. 무엇 하나 비판할 수 없다. 따라서 근거 자체를 따지기보다는 그 근거가 주장의 이유를 정확히 뒷받침하고 있는지 판단해야 한다.

위의 주장에서 이유 및 그 이유에 대한 근거는 타당해 보인다. 자영업자는 우리나라에서 임금노동자와 더불어 경제의 중요한 주체이다. 그런데 신용카드 매출이 30퍼센트 줄었다는 것은 경제 주체의 하나인 자영업자가 힘들어졌다는 뜻이고, 그 속에는 국민들이 소비를 줄이고 있다는 사실이 담겨 있다. 국민들은 왜 소비를 줄일까? 어렵지 않다. 지금 자기가 소비할 수 있는 돈이 부족하거나 안 쓰기 때문이다. 이런 상황이 지속되면 상품을 만들어서 파는 기업들이 매출 감소로 힘들어지고, 이는 기업에서 일하는 노동자들의 월급도 줄어들 뿐 아니라 회사를 그만둬야 되는 상황으로까지 이어질 수 있다. 어떤가? 위의 이유와 그에 대한 근거가 타당하지 않은가.

다음으로 위 주장의 전제를 살펴보면, 경제가 세월호 참사 때문에 어려워졌다는 것이 하나 있고, 세월호 문제를 해결하면 경제가 회복될 것이라는 전제가 하나 있다. 뒤의 전제는 '이유와 주장'의 상관관계에서 살펴보았으니 앞의 전제만 판단해 보겠다.

세월호 참사로 인해 경제가 어려워졌다고 주장하는 사람들은 침울해진 국민들이 먹고 마시고 여행 가는 비용을 줄이는 바람에 그와 관련된 업종이 타격을 입었다고 생각한다. 대부분의 국민들이 슬퍼하고 있는데 나 혼자 즐길 수는 없지 않겠는가! 물론 이러한 생각에는 문제가 없다. 실제로 자영업자 카드 매출이 30퍼센트 줄어든 것도 세월호 참사와 무관하다고는 할 수 없다. 그러나 경제 위기는 앞에서 보았듯 세월호 참사 하나만의 문제가 아니다. 다른 여러 이유가 복합되어 있다. 그런데 그들은 세월호 문제만 해결되면 경제가 해결될 것처럼 말한다. 왜 그럴까? 다른 목적이 있기 때문이다.

세상에 존재하는 모든 주장에는 목적이 있다. 사람들은 그 어떤 것이라도 목적 없이 말하거나 행동하지 않는다. 다만, 그 목적이 명백히 눈에 보일 때가 있는 반면 몇 겹의 차단막을 두르고 있을 때도 있다. 따라서 누군가의 주장이나 글을 읽을 때는 언제나 그 목적을 생각해 보아야 한다. 게다가 인간은 정치적인 동물이다. 인간이 사회 속에서 살아가는 한 정치적이지 않을 수가 없다. 만약 정치적이지 않다고 생각하면 당신은 누군가의 정치적인 목적에 이용당할 수밖에 없다. 대한민국 자체가 정치를 통해 국가의 중요한 문제를 결정하고 집행한다. 어찌 대한민국에 살면서 정치적이지 않을 수 있겠는가! 당연히 누군가의 목적을 생각할 때는 정치적인 면을 무조건 고려해야 한다.

세월호 참사 해결에 대한 이 같은 주장의 목적은 무척이나 정치적이다. 민심을 급격히 흔들어 놓은 세월호 참사였다. 아이가 있는 사람들은 정부와 해경의 무능에 치를 떨었다. 차가운 바닷물 속에서 속절없이 죽어가는 아이들의 모습을 보면서 모두가 분노하고 슬퍼했다. 당연히 책임은 정부가 져야 할 것이다. 해경은 구조 의무가 있음에도 이를 제대로 수행하지 않았다. 과적을 감시해야 하는 정부도 이를 소홀히 했다. 세월호 참사를 철저히 파헤친다면 정부의 무능과 부패가 모두 드러날 수밖에 없다. 그러한 상황은 정권을 유지해야 하는 정치집단으로서는 무조건 피해야 한다. 민주주의 국가에서 국민의 신뢰를 얻지 못한 정권은 교체당할 일만 남기 때문이다. 따라서 경제가 세월호 참사 때문에 어려워졌다는 주장은 잡고 있는 정권을 유지하고픈 정치적인 사람들이 스스로를 보호하기 위해 하는 말이라고 판단할 수 있다.

여기까지가 비판을 하는 과정이다. 앞에 열거된 네 가지 요소는 기본적인 과정이다. 외울 필요도 없고 순서대로 할 필요도 없다. 책을 이해한 뒤 그 말이 옳은지 그른지 비판하는 과정에서 동시에 이루어지기도 하고 부분적으로 이루어지기도 한다. 특정한 방식은 없다. 때로는 이해와 비판이 동시에 이루어지기도 한다.

세월호 참사 해결방법에 대한 주장은 하나의 예이다. 어떤 이는 저 주장이 타당하다고 생각할 수 있다. 어차피 모든 사람의 비판이 똑같을 수는 없다. 또 어떤 주장도 오직 하나의 이유나 근거로 이루어지지는 않는다. 관점에 따라 다양하다. 현실에서 일어나는 여러 상황을 고려하다 보면 새로운 이유와 근거로 판단할 수도 있다. 정답은 존재하지 않는다. 그저 누군가의 주장을 무조건 믿지 말고 자유롭게 의심하면서 옳고 그름을 따져보는 것이 중요하다. 그 과정을 통해 어떤 현상이나 관념에 대해 자신의 생각이 자리를 잡게 된다. 독서의 목적이 바로 그것이다.

나만의 생각으로 만들기

감정을 자극하는 단어를 배제하라

•

어떤 이의 주장이 틀렸다는 것과 나의 생각이 어떻다는 것은 다른 문제이다. 누구의 주장이 잘못되었다고만 하는 것은 비난일 뿐이다. 비판은 옳고 그름을 바라보고 내 생각을 말하는 일이다. 어떤 이의 주장이 틀린 것과 그 주장에 대한 내 생각을 이야기하는 것은 분리되어 있다. 그런데 사람들은 전자만을 비판이라고 생각한다. 비판은 평가하는 것이다. 나의 주관이 엄연히 들어가야 된다.

앞에서 주장의 문제점을 찾는 방법을 알아보았다. 하지만 그것은 비판의 시작일 뿐이다. 비판은 나의 평가이다. 누군가의 주장을 이해한 다음에 내 생각을 말해야 한다. 엄청나게 능동적인 작업이다. 그래서 어렵다. 지금까지 대한민국 사람들은 공부를 대부분 수동적으로 해 왔다. 질문하지 않은 채 앉아서 듣고 내주는 숙제만 하면 되었다. 대한민국에서 공부가 죽어 있다는 말은 괜한 소리가 아니다.

여기서는 먼저 비판적 시각을 유지하는 데 장애가 되는 요소들을 살펴보겠다. 누군가의 주장과 이유와 근거를 판단하는 데 방해가 되는 것들 말이다. 그다음에 나의 생각을 정립하는 단계에 대해 이야기할 것이다. 비판적으로 책을 읽는 마지막 단계이다.

누군가를 비판할 때는 냉정해야 한다. 그래야만 비난에 빠지지 않을 수 있다. 냉정함을 유지 못할 때에는 비판의 칼날이 무뎌진다. 아무리 날카로운 비판도 감정적인 단어를 사용한다면 다른 이의 공감을 얻을 수 없다.

그런데도 사람들은 비판할 때 감정적인 단어를 사용해 분노를 표출하려 한다. 아마도 자신의 주장에 타당성을 더하기 위함일 것이다. 사실 그런 비판이 현실에서는 더 효과적일 수 있다. 대한민국의 역사가 그 사실을 잘 보여 주지 않는가. 우리의 현대사에서 누군가에게 '빨갱이'라는 이름표를 붙이면 사람들은 무작정 그를 미워했다. 당연히 비판보다는 비난에 익숙한 사회가 되었다. 그러면서 비난에 익숙한 사람들은 자신의 비난을 합리적으로 만들기 위해 비판이라고 우겼다. 인신공격을 비판이라는 그럴 듯한 이름으로 포장한 것이다. 옳지 않은 일이다.

책도 마찬가지다. 읽으면서 책을 비난하는 일은 정말 쓸데없는 짓이다. 독서는 온전히 나를 위한 작업이다. 비난은 나에게 감정적 기쁨을 주는 것 이외에는 어떤 것도 선물해 주지 않는다. 따라서 비판은 감정을 배제한 단어로 해야 한다.

감정적인 단어의 사용은 나의 비판을 무뎌지게 하는 정도에서 그치지 않는다. 만약 누군가의 주장에 감정적인 단어가 보이면 우리의 이성은 혼란에 빠지기도 한다. 나아가 어떤 이의 말에 동조하는 상태에서 감정적인 단어가 보이면 더 격하게 휘말릴 수도 있다. 그래서 감정적인 단어가 많이 보이는 책은 좋은 책이 아니다. 이성적인 설득력이 떨어지니 감정에 호소하는 것이다. 이를 감정에 호소하는 오류라고도 한다.

출판되는 책들이 많아지면서 책에 관해 설명하는 책들을 '메타북'이라 부른다고 했다. 여기에는 대표적으로 강창래 작가의 《책의 정신》이 있다. 이 책은 우리가 알고 있는 고전을 비판적인 시각으로 바라본다. 그중 《소크라테스의 변명》이라는 고전을 나름 날카롭게 비판한다. 작가는 플라톤에 의해 저술된 《소크라테스의 변명》은 우리가 생각하는 만큼의 좋은 책은 아니라고 주장한다. 특히 소크라테스는 민주주의를 부정하고 독재를 사랑한 인물이므로 더더욱 고전으로 높게 평가받으면 안 된다는 것이다. 그러면서 《소크라테스의 변명》을 칭송하는 책들이 다음과 같은 사실을 숨긴다고 이야기한다.

"이를테면 소크라테스는 민주주의를 혐오했고, <u>나치만큼</u> <u>이나 끔찍한</u> 전체주의 국가였던 스파르타를 선명했다. 실제로 그의 제자 가운데 하나는 역사 이래 최고의, 최초의 민주주의 국가였던 아테네에 독재정권을 세우고 민주주의자들을 살육 했다. 그리고 소크라테스를 고발한 실질적인 주인공은 바로 그 독재정권 치하에서 <u>핍박받던 민주투사였다</u>."

《책의 정신》p.168에서 발췌

《책의 정신》에서 소크라테스는 독재를 사랑하고 민주주의를 혐오한 인물로 묘사된다. 위의 글이 그 사실을 증명하고 있다. 그런데 혹시 이 주장의 전제가 무엇인지 아는가? 《소크라테스의 변명》이 알려진 만큼 위대한 고전이 아니라는 이유는 소크라테스가 '독재를 사랑한 인물'이기 때문이다. 그리고 그 주장이 성립하려면 '독재를 사랑한 사람은 훌륭한 사람이 아니'라는 전제가 있어야 한다.

지금의 기준으로 보면 플라톤이 외친 철인정치는 독재정치에 가깝다. 소크라테스도 이를 옹호했다. 하지만 그것은 분명 지금의 기준이다. 아테네의 민주주의는 지금과 같지 않았다. 지금의 민주주의는 만인이 평등하고 모든 국민이 국가의 주인이라는 전제가 있지만, 당시 아테네는 노예제를 두고 있었고 여성을 차별하는 곳이었다.

　우리가 아는 민주주의의 도입은 역사적으로 그리 오래되지 않았다. 1865년에 노예제가 폐지된 미국에서도 지금과 같은 민주주의는 한참 후에나 만날 수 있었다. 게다가 민주주의는 의사결정이 효율적이지 않을 수 있다는 약점이 있다. 완벽한 민주주의가 성립되려면 모든 국민이 똑같은 지식과 정보를 공유해야 한다. 그렇지 않으면 누군가에 의해 조종당할 우려가 있다. 독일에서 히틀러가 투표에 의해 당선된 것만 보아도 민주주의의 문제점을 확인할 수 있다.

　당연히 지금의 기준으로 소크라테스를 비판하는 것은 타당치 않다. 전쟁이 비일비재한 시대에 민주주의가 국민을 보호하기 위한 가장 효율적인 제도일까? 게다가 엄연히 노예와 여성에 대한 차별이 있는 사회였고, 우매한 국민들은 누군가에 의해 조종당할 우려가 있었다. 당시 민주주의는 그런 민주주의였다. 소크라테스가 그런 민주주의를 옹호하지 않았다고 그를 비판하는 것이 맞는 일인가? 그것부터 먼저 생각해 보아야 한다.

　물론 나 역시 《소크라테스의 변명》이 고전이라는 말에는 쉽게 동의하지 않는다. 그냥 철학을 시작한 인물이기 때문에 그의 죽음을 묘사하는 저작으로는 의미 있을지 모르지만, 모든 사람에게 필요한 메시지를 준다고는 생각지 않는다. 그럼에도 지금의 기준으로 소크라테스를 독재를 사랑한 인물이라고 평가하는 것은 옳지 않다. 특히 인용에서 밑줄 친 부분은 감정적인 단어이다. "나치만큼이나 끔찍한"이란 부분은 민주주의를 절대선(絶對善)으로 만들기 위해 감정에 호소하고 있다. "핍박받던 민주투사였다."도 감정을 섞어 소크라테스를 훌륭하지 않은 인물로 설득하려는 부분이다.

나는 민주주의를 사랑한다. 이성과 감성 모두 민주주의를 원한다. 하지만 무조건 미화하고 싶지는 않다. 약점도 분명히 있기 때문이다.

글에서 감정적인 부분이 보이면 한 번 더 의심해 보자. 왜 이성이 아닌 감정에 호소하는지 생각해 보아야 한다.

'객관'을 믿지 마라

●

근거는 이유를 타당하게 해 주는 객관적인 사실이라고 했다. 그리고 근거를 의심하지 말라고 했다. 하지만 그 말은 근거를 맨 마지막에 의심해 보라는 의미였다. 우선 주장하는 사람의 논리구조를 살펴보는 게 먼저이고, 그가 제시하는 근거를 의심해 보는 게 다음이다. 그렇지 않으면 근거에 대한 의심으로 인해 주장을 이해조차 못할 수 있다.

일반적으로 근거를 의심하는 경우는 많지 않다. 사람들은 숫자와 그래프가 보이면 일단 의심하지 않는다. 숫자와 그래프는 객관적일 것이라는 믿음 때문이다. 그런데 이 세상에 완전한 객관이 있을까? 어떤 사실을 숫자로 표현하는 일은 사람이 한다. 설문조사도, 통계를 내는 일도 사람이 한다. 설문조사의 경우는 유도질문에 대한 위험이 항상 내포되어 있다. 어떻게 질문하느냐에 따라 다른 결과가 나온다. 가령 '철도 민영화'에 대해서는 많은 사람들이 반대하지만 '공기업의 효율성 증가'에는 또 많은 사람들이 찬성한다. 둘 다 하고자 하는 일은 다르지 않다. 통계도 마찬가지다. 실업률 조사가 대표적이다. 구직활동을 아예 포기한 사람들은 실업자로 보지 않는다. 그러다 보니 체감과 통계 사이 실업률에 차이가 존재하게 된다.

　이렇듯 우리가 객관적이라고 믿는 것들도 사실은 주관적일 경우가 많다. 게다가 숫자와 그래프를 조작하는 경우도 간혹 눈에 띈다. 그럼에도 불구하고 이런 근거자료 자체의 진실성에 대한 의심은 맨 마지막에 해야 한다. 만약 누군가 통계를 조작했다면 그의 주장과 이유와 전제에서 이미 논리적 타당성이 결여되어 있다는 사실을 발견할 수 있을 것이다. 왜냐하면 그런 주장은 원하는 결론을 만들기 위해 이유와 근거를 조작하기 때문이다. 그리고 근거자료의 오류를 판단하기는 쉽지 않다. 판단에 상당한 시간이 필요하다. 사실인 근거자료를 판단하기 위해 시간을 투자했다면 그건 분명 낭비이다. 그러니 강력한 의심이 들 때만 근거 자체의 진실성을 판단해보기를 권한다.

오류를 넘어서라

●

형식논리를 공부하다 보면 우리는 오류를 배우게 된다. 한 번쯤은 들어봤을 법한 '인신공격의 오류', '성급한 일반화의 오류' 등이 그것들이다. 그런데 이러한 오류는 누군가의 주장에 오류가 있다는 사실을 말해 줄뿐 그 이상은 알려주지 않는다.

논리는 생각의 흐름이다. 언제나 원인이 있으면 결과가 있다. 이를 인과관계라고 하는데, 이 인과관계가 명확할수록 논리적이 된다. 그런데 어떤 결과가 일어났을 때 오직 단 하나의 원인으로 그 결과가 설명되는 경우는 거의 없다. 내가 시험을 못 보았다고 했을 때 단 한 가지만의 원인이 그런 결과를 만드는 경우가 있을까? 그렇지 않다. 그러다 보니 사람들은 어떤 결과에 어떤 원인이 있는지 헷갈려 한다. 이 헷갈림이 오류를 범하게 만드는 것이다.

누군가의 주장을 비판할 때는 주장과 이유의 연결고리를 따져봐야 한다고 했다. 항상 주장을 성립하게 하는 결정적인 이유가 어떤 것인지를 판단해야 한다. 지금부터 보게 될 오류들은 그런 판단을 도와줄 것이다. 이는 비판의 장애물을 넘어서는 데도, 나아가 비판을 완성하는 단계에서도 도움을 줄 것이다. 주장하는 사람이 말한 이유보다 다른 이유를 내가 더 중요하게 생각한다면 그건 나의 생각이 되기 때문이다. 물론 주장과 이유에 전부 동의하지 않으면 그 반대의 이유와 주장이 나의 생각이 될 것이다.

바로 직전 원인만 중요하게 생각하는 오류

만약 시험을 망쳤는데 전날 엄마랑 대판 싸웠다면 그 학생은 엄마와의 다툼이 자신의 성적을 망쳤다고 생각할 수 있다. 하지만 모든 학생이 시험 전날 엄마랑 싸웠다고 시험을 망치지는 않는다. 엄마와의 다툼이 감정적인 불안정을 동반할 수는 있지만 시험 보는 행위 전부에 영향을 끼쳤다고 보기는 힘들다. 그럼에도 많은 학생들은 그럴 경우 엄마와의 다툼을 원인으로 생각한다. 수많은 원인 중 마지막 원인만이 결과에 영향을 미쳤다고 보기 때문이다.

눈에 보이는 원인만으로 판단하려는 오류

아침에 일찍 일어나야 되면 보통 일어날 시간에 알람시계를 맞춰 놓는다. 그런데 알람시계가 울리지 않아서 지각을 했다면 그건 알람시계 때문일까? 사람들은 이럴 경우 지각의 이유로 고장 난 알람시계를 든다. 하지만 알람시계가 고장 나지 않아도 지각하는 사람들은 여전히 있다. 결국 원인은 다른 곳에 있다는 뜻이다. 그런데도 사람들은 고장 난 알람시계만 바라본다. 왜냐하면 그 이유가 가장 눈에 잘 띄기 때문이다. 평소 늦게 자는 습관이 원인일 수도 있고, 교통체증이 원인일 수도 있으며, 느릿한 행동이 원인일 수도 있다. 또 이 모두가 합쳐진 결과일 수도 있다. 어떤 결과를 정확히 설명하려면 다른 원인들도 검토해 보아야 한다.

결과와 원인을 균등하게 하려는 오류

존 F. 케네디 대통령이 암살당했을 때 많은 미국인들은 암살자 오스왈드(Oswald) 혼자서 범행을 했다는 사실을 믿지 않았다. 게다가 올리버 스톤 감독의 영화 〈J. F. K〉는 70퍼센트의 미국인들이 거기에 다른 음모가 있을 것이라고 믿는 데 일조했다. 미국인들의 이러한 믿음에는 이유가 있다. 바로 결과와 원인을 균등하게 하려는 오류 때문이다. 케네디 대통령이라는 역사적 인물이 암살당한 결과의 무게와 오스왈드 개인의 범행이라는 원인의 무게가 같지 않기 때문이다.

우리도 이와 비슷한 일들을 겪고 있다. 2014년 봄에 일어난 세월호 참사만 해도 여러 가지 음모론이 있다. 그건 사람들이 의식적으로 결과와 원인을 균등하게 맞추려는 성향 때문이다. 하지만 이는 정확한 이유와 결과의 조합을 방해하기도 한다.

좋아하는 결과에 원인을 맞추려는 오류

동성애에 관한 문제를 이야기할 때 사람들은 본능적인 거부감을 느끼기도 한다. 동성애는 이상하고 잘못된 것이라는 생각이 자리 잡고 있으면 서로 주장만 이야기하지 논리적 이유나 근거를 대지는 않는다. 이는 주장하는 사람이 결론을 정해 놓았기 때문이다. 그 이유가 종교적이든 사회문화적이든 간에 절대 결론을 바꿀 생각은 없다. 그러다 보니 동성애에 부정적인 사람은 인권을 탄압하는 주장을 서슴없이 할 때도 있다.

절대로 주장을 미리 결정해 놓으면 안 된다. 자신이 원하는 주장만이 옳다면 토론과 비판이 무슨 소용 있겠는가!

진영논리에 매몰된 오류

'진영논리'는 어떤 대상과 관련된 판단을 내릴 때 그 대상이나 사건이 누구의 편인지를 가장 중요한 기준으로 보는 것을 말한다. 특히 정치적인 쟁점에 대해 이야기할 때 이 오류에 빠지기 쉽다. 사람들은 자기가 지지하는 정당이 어떤 주장을 하면 우리 편이니까 그 주장이 타당하다고 생각한다. 때문에 한 사건에 대해 누군가 내린 판단이 타당하다는 생각이 직관적으로 들면 한번쯤은 그 누군가가 자신과 같은 편은 아닌지 생각해 보아야 한다.

마찬가지로 앞에서 언급한 세월호 참사에 대해 철저한 진상조사 대신에 경제를 살리기 위해서 빨리 해결하자는 주장에 동조하는 경우도 진영논리는 아닌지 의심해 보아야 한다.

이러한 오류들을 점검해 보는 것은 나의 생각을 만드는 데 도움을 준다. 내가 보고 있는 원인이 전부가 아니라는 판단이 들면 그때부터는 다른 이유를 찾게 된다. 그리고 그렇게 찾은 다른 이유가 더 중요하다고 판단되면 본격적으로 비판을 시작하면 된다.

내 기준을 의심하라

•

어떤 대상을 의심하고 판단한 뒤에 나만의 생각을 갖게 되었다면 마지막으로 할 일이 남아 있다. 바로 나 자신을 의심해 보는 일이다.

우리는 뭔가를 비판할 때 각자의 기준을 갖고 한다. '100미터 달리기는 몇 초에 뛰어야 빠르다고 할 수 있는가?'란 질문에 답하기 위해서는 몇 초일 때 빠르다는 기준이 필요하다. 물론 누구도 이런 기준을 하나로 정할 수는 없다. 각자의 주관적인 평가가 있을 뿐이다. 그런 주관은 하나의 기준이 되고 우리는 그 기준을 갖고 비판과 판단을 한다.

노벨 경제학상을 받은 프린스턴 대학의 카너먼(Kahneman) 교수는 이런 개인의 기준을 배가 바다 위에 정박할 때 사용하는 '닻'과 같다고 했다. 즉, 닻을 어디에 내리느냐에 따라 나의 판단이 달라진다는 것이다. 예를 들어, 5만 원짜리 지폐 한 장을 들고 책상 위에 놓을 스탠드를 사러 갔다고 생각해 보자. 나의 기준은 5만 원이었다. 게다가 친구 중 한 명에게 5만 원이면 고급형 스탠드를 살 수 있다는 말도 들었다. 그런데 점포의 점원이 나에게 제시한 것은 15만 원짜리 스탠드였다. 당연히 너무 비싸다는 생각이 든다. 그런데 점원이 곧바로 그 스탠드를 7만 원에 준다고 한다. 그럼 그 스탠드는 저렴한 편 아닌가? 맞다. 이 경우 사람들은 이 스탠드가 싸다고 생각할 것이다. 그 이유는 처음 기준인 5만 원을 잊어버리고 점원이 제시한 15만원이 내 기준이 되었기 때문이다. 이를 '닻 내림 효과(Anchoring Effect)'라고 한다.

나의 비판은 하나의 주장이다. 절대적으로 개인의 생각일 뿐이다. 당연히 나는 어느 한쪽에 서서 주장을 하게 된다. 이쪽도 맞고 저쪽도 맞는다는 말은 주장이 아니다. 의식하든 못하든 분명 나에게는 기준이 있다. 그런데 이런 기준은 종종 나의 주장을 스스로 의심하지 못하게 만든다.

만약 누군가 경제위기를 극복하기 위해 여러 경제학을 배울 필요가 있음을 주장했다고 생각해 보자. 그 경우에 빠진 함정은 모든 문제는 하나의 경제학으로 설명할 수 없다는 믿음이다. 왜냐하면 그래야만 자신의 주장이 타당해지기 때문이다. 만약 어떤 경제 문제만큼은 특정 경제학만이 해답을 갖고 있다면 다른 경제학은 무용지물이 된다. 여러 경제학을 배우자는 주장은 자연스럽게 타당성을 잃게 된다. 그러므로 여러 경제학을 배우자는 주장을 할 때, 스스로는 인식 못 할 수도 있지만, 하나의 경제학은 어떤 문제도 해결할 수 없다는 결론을 도출하기 위해 다양한 이유를 찾게 된다. 한 번 기준이 정해지면 그다음은 그 기준을 지키는 일만 남는다. 어떤 문제에는 특정 경제학만이 해결할 수 있다고 생각한다면 분명 다른 결론이 나올 것이다.

이런 문제를 해결하는 방법은 스스로 자신의 기준을 의심해 보는 것이다. 특히 나의 관점이 무엇인지 의심해 보아야 한다. 그 후에 나는 왜 이와 같은 주장을 하는지 혹은 원인과 결과가 타당한지까지 검토해 보아야 한다. 만약 이런 과정을 거치고도 자신의 비판이나 주장이 타당해 보인다면 그건 세상을 바라보는 지식이 될 것이다. 책을 읽고 덮으면 잊어버리는 지식이 아니라 평생 세상을 밝혀 주는 자신의 지식 말이다.

시간은 모든 것을 변하게 한다. 세상이 변하면 내 생각도 변해야 한다. 아무리 합리적이고 이성적인 생각도 바뀐 시간 앞에서는 오류투성이가 될 수 있다. 나의 생각을 고정시키지 말자.

비판적인 태도는 내가 틀릴 수 있다는 사실을 인정하면서 시작된다. 틀릴 수 있다. 누구도 항상 옳을 수 없다. 지금 당장의 체면을 위해서 비이성적인 사람이 되지 말자. 인정하면 편하다. 오늘은 틀릴지라도 내일은 진실을 알 것이라고 생각하자. 이렇게 마음을 열어 놓는다면 독서는 인생을 살면서 필요한 뭔가를 만드는 기폭제가 될 수 있을 것이다.

소설 삼키기

현실보다 더 현실 같은 글

•

고등학교 3학년 때였을 것이다. 다리를 머리까지 들어 올리면서 와인드업을 하는 한국인 투수가 미국 메이저리그에 등장했다. 그는 마운드에 오르면 어김없이 심판에게 고개를 숙여 인사를 했고, 그 모습은 미국과 한국에 생중계되었다. 미국 사람들에게 그 투수의 고개 숙여 인사하는 모습은 낯설었다. 하지만 그의 그런 행동은 한국인들에게 동질감을 확인시켜 주었다.

그 투수의 이름은 한국인 최초의 메이저리거 박찬호이다. 예의와 실력을 갖춘 선수로서 최고의 신랑감이었다. 당시 나는 수능을 앞두고 해결할 수 없는 인생의 고민으로 힘들어했다. 답답하기도 했고, 미래에 대한 불안감으로 아무것도 못한 채 시간을 보내기도 했다. 그런 나에게 박찬호는 선망의 대상이었다. 메이저리그라는 멋진 무대에서 자신의 꿈을 화려하게 실현하고 있지 않은가!

'저런 화려한 인생을 사는 사람은 어떤 노력을 했을까?' 무척이나 궁금했다. 그 사람의 노력을 알 수만 있다면 나 역시 따라하고 싶었다. 그래서 찾게 된 것이 성공한 인생을 살았다고 평가받는 이들이 쓴 책이었다. 그중에는 운동선수도 있었고, 정치인도 있었고, 법조인도 있었다. 모두 고통 후에 얻어진 달콤한 열매로 자신만의 화려함을 즐기고들 있었다.

당시는 어렸다. 내가 꿈꾸는 것을 이루기만 한다면 인생을 성공적으로 산 것이라 생각했다. 고통을 동반한 노력 후에 얻어지는 달콤함만이 성공한 인생의 수학공식처럼 느껴졌다. 그래서 그런 책 읽기에 열중했다.

이 세상 모든 영화에는 클라이맥스가 있기 마련이다. 상영시간 90분 중 85분이 지루해 미칠 것 같은 영화도 클라이맥스 5분은 볼 만하다. 혹시 영화를 클라이맥스에 속아서 보고 후회한 적은 없는가? 있을 것이다. 하지만 누구를 탓하겠는가. 화려함에 속아서 지루함을 못 본 나 자신을 탓해야지…….

우리의 인생은 어쩌면 한편의 영화와 같다. 그 당시 화려한 삶의 끝을 달리는 인물들이라 생각했던 사람들이 지금은 전혀 다른 평가를 받고 있다. 고시 3관왕으로 유명했던 고승덕 변호사는 교육감 선거에서 상처만 입고 낙선했다. 그는 내가 부러워하던 인생을 살던 인물 중 하나였다. 박찬호 선수도 은퇴를 했고, 모 정치인은 거듭되는 낙선에 정치판을 떠났다.

인생을 살면서 한번쯤 다가오는 순간이 있다. 스스로 상상했던 내가 될 수 없음을 깨닫는 순간이 있고, 나의 미래에 한줌의 희망도 보이지 않는 순간이 있다. 이런 방황의 순간에 들을 수 있는 대표적인 조언이 책을 보라는 말이다.

사실 세상에 존재하는 조언들 중 책임감 있는 조언을 들을 확률은 로또에 당첨될 확률과 비슷하다. 대부분은 자신의 실패 원인을 성공의 조건이라 생각하고 조언을 한다. '책을 보면 인생의 돌파구가 생길 것'이라는 조언도 비슷하다. 책을 많이 보는 사람들이 하기는 쉽지 않다. 그런데 나는 당시 이런 조언을 경청했다. 왠지 지혜와 지식의 전달도구인 책 속에 내 앞에 놓인 문제들을 풀어줄 해결책이 있을 듯했다. 그래서 선택한 책들이 화려한 인생의 순간을 보내고 있는 이들이 쓴 책이었다. 뭐, 결과는 그리 좋지 않았다. 돌파구 대신에 쓸데없는 부러움만 한가득 얻고 말았으니……

자기 자랑으로 도배된 책들을 버리고 나니 인생을 알려 줄 만한 책은 자기계발서와 소설뿐이라고 생각되었다. 둘 다 인생에 대해서 이야기해 줄 것 같았다. 우선 자기계발서는 강렬하고 자극적이었다. 책을 펼쳐 놓고 있으면 이미 눈앞에 성공이 보였다. 하지만 책을 덮고 현실을 보고 있으면 다시 책을 펴고 싶은 마음만을 남겼다. 어떻게 문제를 해결해야 하는지는 알려주지 않았다.

사실 나에게 소설은 허구의 이미지가 강했다. 이런 가짜 이야기가 내 진짜 인생의 해결책이 될 수 있을까 의심했다. 그런데 소설을 읽고 있으면 자꾸 누군가의 인생이 보였다. 수많은 등장인물이 각자의 생각과 성격으로 인생을 산다. 그러면서 다양한 사건을 접하고 자신만의 방식으로 행동한다. 직접적으로 인생을 어떻게 살라고 가르쳐 주지는 않지만 다른 사람은 인생을 이렇게 살고 있다는 걸 보여 주었다.

그러다 보니 소설은 꼭 허구가 아닐 수도 있겠다는 생각이 들기 시작했다. 일본의 소설가 무라카미 하루키는 자기관리가 철저하기로 유명하다. 취미가 마라톤이라니 대충 그의 꾸준함을 미루어 짐작할 수 있다. 그래서인지 하루키 소설의 주인공에게는 특이한 면이 있다. 대부분이 자기관리가 철저한 삶을 살고 있다는 점이다. 《1Q84》의 남녀 주인공이 대표적이다. 《색채가 없는 다자키 쓰쿠루와 그가 순례를 떠난 해》라는 이상한 제목의 소설 속 주인공도 비슷하다.

그랬다. 소설은 현실의 반영이었다. 모두 실제 인생으로부터 출발하고 있었다. 생각해 보자. 우리는 어떤 진실을 직접 보고 느낀 것으로만 알게 되는가? 아니다. 대부분은 누군가로부터 전해 듣는다. 그리고 진실을 전제하고 믿는다. 누군가의 뇌를 통과한 이야기가 실제와 정확히 일치할 확률은 그리 높지 않다. 그렇다면 소설과 실제 이야기의 차이는 얼마나 될까? 오히려 소설이 하나의 사건을 인물 별로 묘사하기 때문에 더 실제 같을 수도 있다.

현실의 바로미터

●

소설의 구성요소를 살펴보면 우선 인물이 등장한다. 소설은 대부분이 인간의 이야기를 다루기 때문이다. 그리고 그 인간이 살아가는 시대적 배경이 나온다. 물론 정확한 시기는 나오지 않을 수 있다. 대신 학창시절이나 군대시절처럼 특정될 수 있는 시기는 꼭 나온다. 인물 다음으로는 사건이 등장한다. 사건은 소설의 클라이맥스이다. 모든 인물들은 이 사건을 중심으로 행동한다. 해피엔딩과 새드엔딩은 이 사건을 어떻게 해결했는가에 따라 달라지는 결론을 의미한다.

인생은 수많은 선택의 연속이다. 인생을 후회하는 사람들의 대부분은 자신의 선택을 후회한다. 소설은 그런 인생의 선택을 돌아볼 수 있게 해 주는데, 바로 이 지점이 소설을 비판적으로 읽을 수 있도록 만든다. 소설 속 선택이 옳은 선택인지 의심해 보고 내가 그 상황이라면 어떤 선택을 했을지 생각해 볼 수 있다.

게다가 소설에는 여러 인물이 등장한다. 인물들에게는 각자의 특징이 표현되고 역할이 부여된다. 어쩌면 인생은 수많은 역할 중 하나를 택해서 수행하는 것일지도 모른다. 우리가 항상 지구를 구하는 슈퍼맨이 될 수는 없다. 힘없는 소시민이 될 수도 있고, 친구한테 돈을 빼앗겨서 힘들어하는 데미안의 친구가 될 수도 있다.

인생을 객관적으로 볼 수 있다면 우리는 훨씬 합리적인 결정을 내릴 수 있을 것이다. 그러나 우리는 감정에 쉽게 지배당한다. 헤어진 여자 친구를 누구나 쉽게 잊을 수는 없지 않은가. 하지만 소설을 보면서는 냉정해질 수 있다. 감정이입이 될 때도 있지만 어디까지나 타인의 이야기일 뿐이다. 소설을 읽는 나는 누군가의 인생을 관찰하는 객관적인 평가자가 될 수 있다. 즉, 우리는 주인공의 선택을 객관적으로 판단하고 평가해 볼 좋은 기회를 갖는 것이다. 일종의 인생수업이다.

소설에는 단순히 인물만 등장하는 것이 아니다. 작가는 인물을 도구화한다. 인물들을 통해서 자신이 하고자 하는 말을 한다.

조지 오웰의 소설《동물농장》에는 수많은 동물이 등장하는데, 그 동물들은 소련의 스탈린주의를 비판하기 위해 활용된다. 제목은 유치하지만 내용은 인류의 불행한 정치체제를 비판하는 거대함이 있다. 진클레어라는 주인공이 데미안을 만나면서 이야기가 전개되는 헤르만 헤세의《데미안》은 한 소년의 자아발견 과정을 보여 준다. 그 과정에서 데미안은 비판적 시각의 중요성을 말하기도 한다. 성경에 나오는 '카인과 아벨'의 이야기를 하면서 "선생님들이 보는 것과 다른 각도에서 사물을 관찰하고 비판한다고 해서 잘못은 아니야."라고 말한다. 이는 일종의 비판적으로 책을 읽는 것에 대한 중요성을 말하는 부분이기도 하다.

이러한 예시들만 보아도 소설 속에 단순히 인물의 대립만이 있는 것은 아니다. 작가들은 인생을 살면서 자신이 경험하고 느낀 중요한 것들을 비판적으로 보여 준다. 그러다 보니 우리가 사는 사회의 정치, 경제, 역사, 문화가 모두 대상이다. 당연히 이러한 시각에는 개인의 주관이 들어가고, 이는 여러 각도로 볼 수 있는 여지를 준다. 그렇다면 비판적 시각은 자연스럽게 형성될 수 있다. 작가가 말하는 잘못된 것들에 대해서 의심하고 평가해 볼 수 있으니 말이다. 소설은 허구라는 갑옷을 입은 날카로운 비판서다. 허구라는 사실은 겉모습일 뿐이다. 속은 언제나 현실을 반영한다.

소설 속 인물은 우리들 하나하나의 모습이다. 인물의 선택과 그 선택에 따른 행동을 감정이입해서 보는 것은 좋은 독서방법이다. 하지만 그것이 전부는 아니다. 소설은 하나의 세계이고 또 다른 우리의 모습이다. 이 세상은 나를 통해서만 이루어지지 않는다. 오히려 내가 사는 세상이 나의 행동을 결정한다.

소설을 쓰는 사람들은 등장인물의 캐릭터를 설정하는 것보다 그 인물이 살아가는 세상을 묘사하는 것이 더 어려울지 모른다. 등장인물이 어떤 세상에 사는지에 따라 그 인물의 행동이 달라지지 않겠는가.

소설은 인물간의 갈등을 기본적 요소로 설정하고 있지만, 그 갈등을 통해 말하고 싶은 것은 그 인물이 살아가는 세상이다. 그리고 그 세상은 지금 우리가 살고 있는 세상을 바라보는 기준이 된다. 작가 황석영이 지금의 소설 작품에는 철학이 없다는 비판을 하는 이유도 이와 비슷하다. 세상에 대한 인식이 부족하니 작품이 주는 울림도 적다는 의미로 해석된다.

시간을 이겨 낸 소설 작품들에는 모두 우리가 사는 세상에 대한 냉정한 시선이 담겨 있다. 영국 소설가 찰스 디킨스의 《올리버 트위스트》는 자본주의가 급속히 성장하는 시기에 소외되는 아이들의 모습을 담았고, 한국의 고전 소설 《홍길동전》은 조선 사회의 비이성적인 신분제도를 비판했다. 모두 당시의 비판적인 시각이 묻어 있지만 지금에도 그 작품의 시선은 가치가 있다. 우리는 그 모든 문제를 완벽히 해결하지 못한 것이다.

우리는 소설 속 인물의 선택과 그들 사이의 갈등을 통해 우리의 모습을 볼 수 있지만, 그것만으로는 충분치 않다. 소설은 또 다른 세상을 보여 준다. 그 세상은 우리 자신의 모습이다. 우리가 소설을 읽으면서 얻는 것은 현재의 모습에 대한 성찰이고, 소설을 비판적으로 바라보는 것은 우리 자신이 처한 현실적 문제를 진단하는 것이다.

좋은 작품을 고르는 것이 쉽지 않다. 한 가지 팁을 말하자면,

시대정신을 담지 못한 책은 선택하지 말라는 것이다. 세상에 대한 이야기가 없는 소설은 바람에 떨어지는 꽃잎처럼 찰나의 아름다움만을 줄 뿐이다.

6장

계속 읽으려면

역사를 가까이 하라

그놈의 역사가 뭐라고

●

참여정부 시절 노무현 대통령은 대한민국의 잘못된 과거사를 청산하려고 했다. 그때까지 단 한 번도 제대로 시도되지 않았던 일이었다. 과거사법 제정, 친일인명사전 편찬, 친일파 재산 환수 등이 청산의 수단이었다. 하지만 이 모든 과정이 쉽지 않았다. 특히 기득권을 가진 이들이 강하게 반발했다. 마치 자신들의 정체성이 흔들리는 일인 양 저항했다. 그리고 노무현 대통령은 대한민국 최초로 탄핵심판을 받는 대통령이 되었다. 물론 성과도 적지 않았다. 어쨌든 친일인명사전은 만들어졌고 일부 친일파 후손들의 재산이 국고에 환수되었으니 말이다.

그렇다면 대한민국의 기득권층은 왜 저항했을까? 대답은 어렵지 않다. 친일파에게 불이익을 주는 정책을 펼치면 누가 제일 심하게 저항을 할까? 당연히 친일파와 그의 후손들일 것이다. 마찬가지로 대한민국의 기득권층이 그렇게 저항한 것은 그들에게 불이익이 있었기 때문이다.

이번에는 주체를 바꾸어서 질문해 보겠다. 왜 노무현 대통령은 그 많은 논란을 감수하고 해방 후 60년이 되어가는 시점에서 과거사를 정리하려 했을까?

인류는 전쟁으로 수없이 몸살을 앓았다. 특히 제2차 세계대전 때는 많은 국가들이 제국주의라는 이름으로 가해지는 범죄행위에 속수무책으로 당해야만 했다. 유럽의 대표적 강대국인 프랑스도 독일의 침략을 받았다. 당시 프랑스는 독일에게 4년간 점령당했다. 우리가 1905년 을사조약 후부터 1945년 해방까지 일본으로부터 40년 동안을 침탈당했으니 그 기간은 우리의 10분의 1 정도밖에 되지 않았다.

프랑스는 우리와는 비교도 안 되는 짧은 기간 동안 지배를 받았음에도 그들의 과거사 청산 노력은 상상을 초월했다. 그 4년 동안 나치에 협력한 자들을 조사하기 시작했는데, 실제로 조사받은 사람이 150만 명 이상이라고 한다. 그리고 그중에서 사형선고를 받은 사람이 6,763명이었고, 실제로 사형을 당한 사람은 767명이었다. 게다가 1999년에는 모리스 파퐁이라는 사람을 과거사 청산이라는 이름으로 기소하고 처벌하기도 했다. 나치 치하에서 벗어난 지 54년이 지난 후였다.

그럼 대한민국은 어땠을까? 해방 후 최초의 대통령은 이승만이었다. 그는 미국에서 박사학위를 받은 미국 친화적인 인물이었다. 당시 미국은 한국의 미래에는 크게 관심이 없었다. 그저 동아시아 지역에서 공산주의와 가장 밀접하게 맞닿아 있는 나라를 신탁통치한다고 생각했을 뿐이다.

미국은 일본이 철수한 한국을 빨리 나라꼴을 갖추게 하고 싶었다. 하지만 당시 한국은 모든 것이 어지럽기만 했다. 게다가 문맹률이 80퍼센트나 될 정도로 높아서 국가의 행정을 맡을 사람조차 찾을 수 없었다. 결국 일제강점기 일본에 충성을 맹세했던 인물들을 그대로 그 자리에 앉혀 두었다. 그리고 미국의 이익을 대변하던 이승만 대통령은 반민족행위특별조사위원회(반민특위)를 무력화시켰다. 이는 과거사 청산을 스스로 막은 것이었다. 그 결과 대한민국에서 정부에 의해 친일파가 처벌된 경우는 단 한 건도 존재하지 않게 되었다.

이 같은 우리의 현대사는 많은 논란을 낳았고 여전히 진행 중이다. 특히 한국의 기득권층 세력들은 자신의 정당성을 획득하기 위해 여러 방면에서 역사 왜곡을 시도한다. 일제강점기가 대한민국이 근대화를 이룩할 수 있는 밑바탕이 된 시기라면서 추앙하는가

하면, 지금의 대한민국은 1948년 8월 15일에 새롭게 건국되었으니 8월 15일을 '광복절'이 아닌 '건국절'로 지정해야 된다고도 주장한다. '건국절' 논란은 자기 조상들의 친일 행적을 모두 세탁소에 맡겨 드라이클리닝을 하고 싶은 그들의 욕구를 잘 보여 준다. 즉, 새롭게 나라가 세워졌으니 그전에 있었던 일들은 대한민국의 역사가 아니라는 얘기이다.

뿐만 아니라 민주주의를 탄압했던 독재자 미화 작업이 사회 곳곳에서 일어나고 있다. 4.19 혁명 일주일 뒤인 1960년 4월 26일에 종로 탑골공원에 있던 이승만 대통령의 동상이 철거되었다. 그런데 2011년 8월 25일, 그의 동상이 서울 한복판인 남산에 다시 세워졌다. 2012년에는 200억을 들인 박정희 기념관이 완공되었고, 쿠데타로 집권한 전두환 전 대통령을 기념하기 위한 작업도 곳곳에서 추진되고 있다.

이러한 일들이 일어나는 이유는 우리가 과거를 정확히 평가해 옳고 그름을 따지지 않았기 때문이다. 다들 먹고살기 바쁘다는 핑계로 돈이 안 되면 관심을 보이지 않았다. 노무현 대통령이 과거사 청산을 하려고 했을 당시 대부분의 사람들은 "그놈의 역사가 뭐라고……" 하면서 냉소적인 반응을 보였다. 정말 역사는 중요하지 않은 것인가?

역사를 판단하라

●

2017년 수능부터 한국사가 필수과목으로 지정되었다. 그 말은 그전까지 한국사는 필수과목이 아니었다는 뜻이다. 한국사 필수과목 지정이 문제가 된 이유는 일본의 망언과 관련이 깊다. 가까우면서도 먼 나라인 일본은 독도부터 시작해 위안부 할머니들에 대한 망언을 쉴 새 없이 쏟아낸다. 그 발언들이 진실인지 거짓인지를 알기 위해서는 당연히 역사를 알아야 한다. 하지만 한국에서 역사는 배우지 않아도 되는 선택과목이었다. 대부분의 학생들은 대한민국 역사를 진지하게 배우지 못했다.

한 나라의 국민이 자기들의 역사를 모르는데 어떻게 다른 나라 사람이 저지르는 역사 왜곡을 알아차릴 수 있겠는가! 논란이 계속되자 역사는 한국사라는 이름으로 수능시험에서 필수과목이 되었다. 어쨌든 이제 고등학생들은 한국사를 공부해야 한다. 그런데 역사는 수능시험 같은 현실적인 부분 때문에만 공부해야 하는 것인가? 역사를 공부해야 하는 다른 이유는 없을까?

고등학생 시절 역사 시간, 선생님은 들어오자마자 칠판에 '온고지신(溫故知新)'이라는 사자성어를 적었다. '옛것을 배워서 새것을 알다.'라는 말로 역사를 배우면 새로운 것을 알 수 있다는 뜻이다. 혹시 이 사자성어의 뜻에 동의하는가?

한때 세계에서 가장 부자였던 사람 중 하나로 투자의 귀재인 워렌 버핏(Warren Buffett)을 꼽는다. 지금은 비슷한 부자인 마이크로 소프트의 빌 게이츠와 함께 기부활동에 나서 화제가 되고 있지만, 워렌 버핏을 더 유명하게 만든 사건은 따로 있었다. 바로 그와의 점심식사하기가 경매에 나왔기 때문이다. 사람들, 특히 부자들은 그와의 점심식사를 위해 돈을 아끼지 않았다. 더구나 낙찰금액이 무려 22억 원이나 된 일은 워렌 버핏에게 관심 없는 이들은 정말 이해하기 어려웠을 것이다. 그들은 왜 그처럼 워렌 버핏과의 식사를 매력적으로 느꼈을까?

만약 당신이 그와 식사를 한다고 상상해 보자. 그러면 당신은 무엇을 묻고 싶겠는가? 그가 지금 얼마의 돈을 갖고 있는지가 궁금한가? 사실 식사 자리에서 그런 질문을 상대방에게 하기는 쉽지 않다. 그리고 그 사실을 안다고 해서 달라지는 것도 없다. 만약 내가 워렌 버핏과 식사를 한다면 나는 그가 어떻게 부자가 되었는지 물어볼 것이다. 정확히는 그가 부자가 될 수밖에 없었던 이유를 알고 싶다. 더 솔직히 말하면 나는 그의 과거 전부를 알고 싶다. 현재의 그에게는 당연히 그에 걸맞은 과거가 있어야 하고, 그의 과거를 완전히 이해하면 그의 성공 비밀도 알 수 있지 않겠는가.

타인의 시선이 중요한 대한민국이다. 이 말은 우리가 주체적으로 살지 못하고 있다는 뜻이다. 그럼 왜 우리는 우리 자신의 삶을 주체적으로 살지 못하는 것일까? 아마도 그 이유는 우리가 현재에 매몰되어 있기 때문일 것이다. 한 치 앞도 알 수 없는 불안한 미래를 바라보고 있으면 할 수 있는 일은 많지 않아 보인다. 그저 지금 이 순간을 언제나 당연하다고 믿고 받아들일 뿐이다. 하지만 그렇게는 살 수 없다. 우리는 생각하는 존재 아닌가! 그런 수동적인 삶은 우리의 본성과 다르다. 주체적인 삶 혹은 지금과 다른 내일을 위해서는 뭔가를 해야 한다.

현재를 알려면 과거를 알아야 한다. 하지만 대충 알아서는 안된다. 정확히 알아야 한다. 우리는 연속적인 시간 속에서 살고 있다. 지금 존재하는 모든 것들은 과거가 있었기 때문이다. 인생도 마찬가지다. 지금 내가 서 있는 이곳에 오기까지 나는 수많은 과거를 경험했다. 그런 과거를 올바르게 평가하지 않는다면 어떤 미래가 나를 기다리는지 알 수 없다.

《프랑스의 과거사 청산》이라는 책이 있다. 이 책은 프랑스의 과거사 청산을 한국과 비교해서 보여 준다. 그러면서 작가는 우리의 현실을 외면한 과거사 청산을 반대한다. 프랑스는 4년이지만 우리는 40년이다. 그 기간이라면 독립운동을 했던 사람도 변절하게 될 수밖에 없는 시간이라고 주장한다.

누군가를 이해하는 것과 옳고 그름을 따지는 것은 구별해야 한다. 이 세상에 이해하지 못할 살인은 없다. 바람피운 남편을 죽인 아내도 이해할 수 있고, 우울증 때문에 아기를 죽인 엄마도 이해할 수 있다. 하지만 그 어떤 살인도 옳지는 않다. 그건 역사를 평가할 때도 똑같다. 원칙은 언제나 변함없이 존재한다. 현실이 그러니 역사를 이해해야 한다고 말한다면 그건 역사학자가 아니다. 그저 현실에 부응하기 위해 사는 기회주의자일 뿐이다.

지금 당신은 대한민국 역사의 어디쯤에 와 있는가? 이 질문에 답하기 위해서라도 우리는 과거를 알아야 한다. 그리고 대한민국의 미래도 생각해 보아야 한다. 그 과정에서 당신이 하고 싶은 일이나 혹은 당신이 처한 상황을 이해할 수 있게 된다.

최근에 60대 이상의 부모들 사이에서 서른 살이 넘은 자식들을 부양하는 일과 관련해 논란이 일고 있다. 부모들 중에는 자식이 자리를 못 잡으니 도와주어야 한다는 의견도 있고, 이미 자식들을 공부시켰으니 더 이상 도와주지 않겠다는 분들도 있다. 그들의 입장을 모두 이해할 수 있다. 하지만 어느 편에도 전적으로 동의하기는 힘들다.

대한민국은 1970~80년대에 고도의 경제성장을 이루었다. 외부적 요인과 더불어 노동자들이 자신의 권리를 희생하면서 일한 대가였다. 지금 60대 이상의 부모 세대는 이 시기의 과실을 온전히 받았다. 열심히만 일하면 집 장만하기도 어렵지 않고 평생직장이라는 개념도 있었다. 그런데 지금은 어떤가?

자본주의는 고도의 성장 이후에는 필연적으로 정체기가 온다.

우리나라는 과거 7퍼센트 이상의 경제성장률을 보였지만 지금은 3 퍼센트 정도밖에 안 된다. 우리보다 경제가 더 발전한 미국은 1퍼센트 대에 머물고 있다. 모든 선진국들이 비슷하다. 즉, 우리 부모세대들은 7퍼센트 이상의 경제가 성장하는 시기에 산 반면 자식들은 3퍼센트도 못 미치는 경제상황에서 산다. 부모들이 이해 못하는 부분이 분명히 존재하며, 절대 자식이 못나서 부모님과 같이 사는 게 아닐 수 있다는 뜻이다.

다시 원래의 문제로 돌아오자. 우리는 역사를 정확히 알아야 한다. 그리고 판단해야 한다. 과거에 대한 정확한 판단이 없으면 현재를 알 수 없게 된다. 내 인생이 역사의 어느 지점에 머물고 있는지 생각해 보자. 그러면 지금 내가 하고 있는 일이 역사 속에서 어떤 의미를 갖고 있는지 알 수 있다. 물론 그 사실이 절망적일 수도 있지만, 밝은 미래를 위해서는 어두운 과거에 대한 평가가 반드시 필요하다. 두려워하지 말고 고민해 보자.

책은 역사의 산물

●

어떤 책을 읽어야 시간을 낭비하지 않는지에 대한 고민은 대중적이다. 다들 시간을 낭비하지 않기 위해 애를 쓴다. 최근에는 책의 서평으로만 이루어진 책들도 나오니 이는 순전히 책 선택을 도와주려는 의도이다.

독서를 시작하는 사람들도 같은 고민을 공유한다. 책을 읽고는 싶은데 무엇을 읽어야 할지 난감하다. 그럴 때에는 원칙으로 돌아가라고 말하고 싶다. 우리가 어떤 학문을 배울 때 가장 필요한 것은 역사이다. 물리학을 배우려면 코페르니쿠스, 갈릴레오, 뉴턴, 아인슈타인으로 이어지는 흐름을 알아야 하고, 경제학을 배우려면 애덤 스미스, 마르크스, 알프레드 마셜, 케인스, 하이에크, 밀턴 프리드먼 등으로 이어지는 흐름을 알아야 한다. 이런 인물들이 유명해진 것은 모두 자신의 이론을 글로 발표했기 때문이다. 당연히 그 글들은 지금 책으로 존재한다.

나아가 순수 역사를 보는 것도 좋은 선택이다. 지금 현재의 대한민국을 이해하고 싶다면 한국 현대사에 관한 책읽기를 권한다. 강준만 교수의 《한국 현대사 산책》도 있고, 한홍구 교수의 《대한민국사》도 좋다. 이러한 책을 읽고 나면 그와 관련된 수많은 책들이 쏟아져 나온다. 일본군에 있다가 독립군에 가담하기 위해 수천 킬로미터를 목숨을 걸고 도망친 장준하 선생의 《돌베개》부터 IMF 경제위기를 설명하는 수많은 대중 교양서들이 존재한다. 나아가 자본주의 위기의 본질적인 원인을 알고 싶다면 마르크스의 《자본론》에 도전해 보는 것도 좋다. 물론 매우 어려우므로 그 책을 해설한 책들을 읽어 보는 것을 추천한다. 강신준 교수의 《마르크스의 자본 판도라 상자를 열다》도 괜찮고, 임승수 작가의 《원숭이도 이해하는 자본론》도 괜찮다. 물론《칼 마르크스, 자본주의를 말하다》역시 이해에 도움을 줄 것이다.

책은 역사의 산물이다. 역사를 모르고서 책을 읽는다는 것은 태양은 언제나 지구 주위를 돌고 있다고 믿는 것과 같다. 현상과 실체 사이에는 늘 차이가 있지 않은가! 현재에 속지 않기 위해서 우리는 역사를 알아야 한다. 그리고 그 역사는 당신이 읽어야 할 책을 자세하게 안내해 줄 것이다. 역사가 단지 수능시험을 보기 위해 배워야 되는 것쯤으로 인식되는 것은 슬픈 일이다.

수많은 문학 작품 역시 역사의 흐름과 일치한다.《홍길동전》은 조선시대의 신분제에 대한 당시 변화의 흐름을 감지할 수 있다. 홍길동에 대한 영웅담으로 책을 읽는 것은 역사를 잊은 독서이다. 심훈의《상록수》는 어떤가? 1930년대 일제 식민통치의 전환점에서 지식인들의 고민을 바라볼 수 있다. 당시 사람들의 문맹률과 계몽에 대한 의욕 및 그 한계까지 고스란히 책에 담겨 있다. 사랑 이야기로만 그 소설을 읽기에는 중요한 이야기들이 너무 많다.

앞에서 대한민국 현대사의 흐름을 대략적으로 언급한 것은 그 현대사가 쏟아낸 수많은 책들이 존재하기 때문이다. 또한 그런 현실은 우리의 세계관을 형성하고 우리의 의식과 문화를 형성하기 때문이다. 책은 현실과 동떨어진 세계를 추구하지 않는다. 모든 책은 그 나라의 역사와 현실에 두 다리를 지탱하고 미래를 쳐다본다.

역사의 흐름과 떨어진 독서는 현실과 그만큼 거리가 생긴다. 혼자만의 관념으로 세상을 보게 된다는 뜻이다. 현재의 흐름만을 좇아서 책을 읽는 습관은 지금 눈앞의 현실을 확인할 뿐이다. 최소한 책을 통해 변화를 추구한다면 우리는 과거에서 시작해야 한다. 과거를 분명히 인식하고 바라보는 현실은 다르다. 그렇게 파악한 현실로부터 미래를 본다면 생각만큼 미래가 막연하거나 두렵지는 않을 것이다.

역사를 멀리하지 말자. 이성 친구의 과거를 궁금해하는 마음으로 역사를 공부해 보자. 지금 내 앞에 있는 사람의 성격이 어떤 과거를 거쳐서 현재에 이르렀는지 궁금하지 않은가? 문제의 정답을 맞히기 위한 역사가 아닌 지금의 나를 알기 위해 역사를 알아가자. 당신이 읽고 싶어 할 수많은 책을 역사는 언제든 준비하고 있다.

무엇이든 남겨라

단편적인 지식은 사라진다

●

아인슈타인과 에디슨은 비슷한 시기를 살았다. 아인슈타인은 1879년 독일에서 태어났고, 에디슨은 1847년 미국에서 태어났다. 아인슈타인은 독일과 스위스, 영국 등에서 생활했기 때문에 미국에 살던 에디슨과는 특별히 만날 일이 없었다. 그럼에도 둘 사이에는 하나의 논쟁이 있었다. 물론 서로의 얼굴을 보면서 한 것은 아니었다. 잘 알려지지 않은 이 논쟁은 아인슈타인이 미국을 여행할 때 시작되었다.

1921년 아인슈타인은 미국을 방문했다. 목적은 상대성 이론을 강연하는 일과 함께 때때로 유대인을 위한 기금을 모으는 것이었다. 그런 일정 중 아인슈타인은 한 호텔에서 인터뷰가 예정된 기자 한 명과 대면했다. 기자는 아인슈타인을 보자마자 하나의 소책자를 내밀었는데, 그것은 토마스 에디슨이 만든 질문지였다.

당시 에디슨은 미국의 대학교육을 부정적으로 바라보고 있었다. 실용적인 학문 이외에는 불필요하다고 보았다. 지금의 인문학처럼 실제 생활에 직접적으로 활용되지 않는 학문을 공부한 사람은 자기 회사에 채용하지 않았다. 기자가 아인슈타인에게 건넨 책자는 바로 에디슨이 고안한 면접시험지였다. 시험지의 질문은 대충 이랬다. "뉴욕에서 버펄로까지의 거리는 얼마인가?", "세탁기를 가장 많이 만드는 미국 도시는 어디인가?"

기자는 아인슈타인이 에디슨의 질문지에 얼마나 많이 대답할 수 있는지 궁금해하면서 직접 물었다.

"소리의 속도는 얼마인가요?"

단순한 질문이었다. 과학을 공부한 사람이라면 누구나 대답할 수 있었다. 하지만 아인슈타인의 대답은 예상 밖이었다.

"지금 당장은 모르겠습니다. 난 책만 뒤져 보면 금방 알 수 있는 것은 외우지 않거든요."

에디슨은 사실에 관한 지식을 최고로 생각했다. 그에 반해 아인슈타인은 그런 생각에 동의하지 않았다. 그러면서 자신의 생각을 이렇게 말했다.

"사실에 대해 배우기 위해 대학에 갈 필요는 없습니다. 그거야 책을 보면 되니까요. 대학에서 교양과목을 가르치는 것은 생각하는 훈련을 한다는 데 가치가 있습니다. 그건 지식이 기록된 책을 통해 배울 수 있는 게 아니에요. 어떤 인간이 능력을 지녔다면 그 능력을 펼치는 데 도움을 주는 것이 대학교육입니다."

아인슈타인과 에디슨의 논쟁은 여러모로 흥미롭다. 우선 둘 사이의 지식에 대한 생각의 차이가 보인다. 에디슨은 단순하고 실용적인 지식을 중요하게 생각한 반면 아인슈타인은 논리를 중요하게 생각했다. 아마도 이 둘이 한국에서 태어났더라면 승자는 언제나 에디슨이었을 것이다. 그뿐만이 아니다. 둘 사이에는 지식에 대한 기본 철학이 달랐다. 아인슈타인은 단편적인 지식은 외우지 않는다고 했다. 어차피 책을 보면 누구나 금방 알 수 있는 것들인데 굳이 그것을 외우고 있어서 뭘 하겠냐는 생각이다. 그에 반해 에디슨은 그러한 지식을 가진 사람이 진짜 기업에서 필요한 사람이라고 생각했다.

사실 에디슨은 우리가 어린 시절 배운 그런 위인이라고 말하기에는 좀 부족하다. 위의 논쟁에서 볼 수 있듯 에디슨은 기업가였다. 돈을 버는 것이 최고의 목표였던 인물이다. 에디슨이 교양과목을 싫어했던 이유도 단순하다. 그런 과목은 아무리 배워도 돈이 안 되기 때문이다. 게다가 자신의 공장에서 일하는 데 그런 지식은 아무런 소용이 없다. 쓸데없는 지식이 많으면 오히려 노동3권이니 어쩌니 하면서 반항만 할 뿐이라고 생각했다.

반면, 아인슈타인은 단편적인 지식들이 망각된다는 사실을 알았다. 굳이 잊어버릴 것을 외우려고 시간을 투자하고 싶지는 않았다. 그보다는 논리적 사고를 통한 새로운 무엇을 발견하는 데 더 관심이 많았다. 이 지점에서 우리는 한 가지를 고민해 볼 수 있다. 도대체 우리의 지식은 어떻게 형성되고 남게 되는지…….

고등학교 때 배운 지식이 머릿속에 온전히 남아 있는 사람은 많지 않다. 졸업하고 10년만 지나면 수학을 늘 백 점 맞던 명문대 학생이 인수분해에 어려움을 보이기도 한다. 망각했기 때문이다. 단편적인 지식들은 반복하지 않으면 기억 속에 남지 않는다. 하지만 어떤 지식들은 생생하게 기억나기도 한다. 나의 경우, 중학교 국어시간에 배운 황순원의 《소나기》 줄거리는 잊어버리지 않는다. 심지어 글에서 느껴지는 소년의 순수한 사랑의 감정을 보면서 사랑의 형태에 관한 고민까지 했다. 당연히 그 소설은 나에게 있어서 특별하게 느껴진다.

우리가 어떤 지식을 온전히 자신의 것으로 만들려면 그 지식에 자기의 생각을 입혀야 한다고 했다. 황순원의 《소나기》나 심훈의 《상록수》가 여전히 나의 머릿속에 남아 있는 것도 같은 이유이다. 소설의 줄거리를 단편적인 지식으로 본다면 그 줄거리가 포함하고 있는 상징성은 일종의 논리이다. 그 논리에 내 생각을 대입해 판단하고 평가하고 나니 완전히 나의 지식이 되었던 것이다.

과거시험은 언제나 글쓰기였다

●

우리가 어떤 지식을 나의 지식으로 만들려면 평가하고 판단하는 작업이 필요하다. 그런데 이와 비슷한 이야기가 기억나지 않는가? 맞다. 바로 평가하고 판단하는 것은 비판적 시각으로 바라보는 것과 같은 말이다. 비판적으로 바라보는 것은 일종의 지식의 흡수과정이다. 그리고 그런 흡수과정이 있어야 온전한 자신의 지식이 된다.

하지만 비판적 시각만으로 지식을 남기기에는 충분치 않다. 나는 황순원의 《소나기》를 읽고 독후감을 썼었다. 글을 쓰면서 나의 생각을 정리하고 되짚어 보았다. 그런 작업은 나의 기억을 더 단단하게 해 주었다. 이는 우리가 영어 단어 외우는 방법과도 비슷하다. 만약 하루에 열 개의 단어를 외우면 다음 날 우리는 많아야 예닐곱 개 정도의 단어를 기억한다. 그리고 하루가 더 지나면 머릿속에는 두 개에서 세 개 정도밖에 남지 않는다. 그러나 첫날 외운 열 개의 영어 단어를 그 다음날 다시 외우면 사흘째가 되어도 머릿속에는 첫날과 별 차이가 없는 수의 단어가 남아 있다. 일주일이 지나도 여전히 반 이상은 기억할 수 있다.

인간의 망각은 어쩔 수 없다. 과학자들은 망각할 수 있기 때문에 새로운 지식도 배울 수 있다고 한다. 물론 우리는 그 사실을 알면서도 거부하고 싶다. 그래서 반복이 필요하다. 어떤 '지식'을 자신의 생각으로 평가하고 판단하게 되면 그 과정에서 수많은 반복이 일어난다. 하지만 그것만으론 충분치 않다. 머릿속으로만 한 생각은 논리적으로 정리가 되어 있지 않은 상태이다. 만약 무언가를 비판했다면 그 의미는 논리성을 갖고 평가하고 판단했다는 뜻이다. 당연히 그 논리가 타당한지 우리 자신도 확인해 보아야 한다. 그럴 때 제일 좋은 방법이 글쓰기이다.

조선시대 과거시험은 언제나 글쓰기였다. 과거시험을 보려는 사람들은 《대학》,《논어》,《중용》등을 달달 외우면서 공부한 것 같지만 실제 시험문제는 그런 책에 있는 내용을 묻는 것이 아니었다. 문제는 "관리의 성적을 어떻게 평가해야 합당하겠는가?", "조세로 징수한 미곡을 빠르게 운반해야 하는데, 바다로 옮기는 계책과 육지로 옮기는 계책 중 어떤 것을 채택하는 것이 좋겠는가?" 하는 식이었다. 지금으로 치면 논술시험과 비슷하다.

그랬다. 과거시험이 묻는 것은 평소에 공부한 지식을 얼마나 비판적으로 흡수하여 현실에 적용할 수 있는가에 대한 평가였다. 단순히 사실적 지식만 외워서는 절대로 통과할 수 없었다. 그리고 조선시대에는 글만이 그 사람의 지식이나 지혜를 정확히 평가할 수 있다고 믿었다. 이는 현재 프랑스에서 대학 입학시험을 바칼로레아라는 논술시험으로 치르는 것과 비슷하다. 이미 우리 선조들은 글쓰기의 유용성을 알고 있었던 것이다.

책을 읽은 후에는 글로 자신의 생각을 남겨 보기를 추천한다. 글로 남기는 과정에서 자신의 논리를 다듬을 수도 있고 또 다른 관점의 비판을 생각해 낼 수도 있다. 그 글에는 어떤 형식이 있을 필요도 없다. 자신의 관점을 서술할 수 있으면 그것으로 족하다. 인터넷에 존재하는 수많은 서평들이 그런 작업의 결과물이다.

게다가 글쓰기는 자신을 알 수 있는 좋은 시험이다. 자신이 알고 있는 것만큼 써진다. 물론 자신의 실체를 안다는 것이 항상 기분 좋은 일은 아니다. 하지만 궁금하지 않은가? 읽기만 해서는 재미없다. 무언가 써 보아야 읽게 된다.

남겨 보자. 그 책의 지식이나 지혜가 자신의 것이 된다.

읽기에 지친 이들을 위한
네 가지 방법

책을 읽는 방법에 대한 고민은 독서를 잘하기 위함이다. 하지만 그 고민이 독서를 자기 삶의 일부분으로 만들어 주지는 않는다. 일상에 지치면 피곤하다는 명분으로 책을 멀리하게 되고, 그렇게 멀어진 책은 한 번 멀어진 사랑이 다시 찾아올 확률만큼이나 다시 곁으로 다가오기가 쉽지 않다. 지금부터는 어떻게 하면 독서를 내 삶의 일부로 만들 수 있는지 생각해 보겠다. 소중한 사람을 쉽게 놓치는 바보 같은 짓은 하지 말자.

독서는 공부가 아니다

●

비판적으로 책을 읽으라고 했다고 해서 고등학생이 수능시험 공부하듯 하라는 말이 아니다. 불편하고 어려운 사람과 친해지고 싶은 이가 어디 있겠는가! 모두 넉넉한 사람과 같이 있고 싶어 한다. 책을 읽는 것도 그리 거창하지 않다. 커피 한 잔 타 놓고 책상 위에 다리를 올려놓은 다음 의자를 뒤로 한껏 젖히고 책을 읽자. 몸과 마음이 편해야 책이 머리에 들어온다. 사랑하는 사람과 만났는데 불편하기만 하다면 그 사랑이 오래갈 수 있겠는가?

책을 읽는 행위에는 분명 휴식의 의미가 있다. 우리는 일을 하면 무언가를 생산한다. 공장이든 편의점이든 자신의 노동력을 제공하고 임금을 받는다. 하지만 뭔가를 배우는 과정은 도약을 위한 움츠림이다. 대학에 진학하기 위해 공부하거나, 공무원이 되기 위해 공부하거나, 공부하는 동안 우리는 어떤 것도 생산하지 않는다.

독서도 마찬가지다. 일종의 배움의 기본인 '읽기'의 과정이다. 책을 읽는 동안은 휴식하면서 공부하는 것과 같다. 그런데 독서 자체를 일이라고 생각하는 사람들이 있다. 공부 자체가 일처럼 느껴져 그런가? 만약 그렇다 해도 중·고등학생 때와는 다르지 않은가! 정해진 시간도 없고 강요하는 선생님도 없다. 그저 우리가 원하는 시간에 원하는 만큼 내 자유의지로 하면 된다.

사람마다 관심의 차이가 있고 지식의 차이가 분명히 존재한다. 공대 다니는 학생이 법대 교과서를 이해하기 힘들 듯 법대 다니는 학생이 수학과의 교과서를 이해하기 힘들다. 우리는 각자의 관점으로 세상을 바라볼 뿐이다.

책을 읽다가 도저히 이해가 안 가 포기해 본 경험이 있는가? 나는 많다. 지금은 점점 그런 경험이 줄어들고 있지만 예전에는 꽤나 강한 충격으로 다가왔다. 그렇게 재미있는 《데미안》이 초등학생 때는 도저히 이해할 수 없었다. 임진왜란 당시 이순신 장군의 모습을 그린 《칼의 노래》도 20대 때는 잘 읽히지 않았다.

중요한 것은 한 번의 실패를 나의 한계로 만들지 않는 것이다. 내 실패를 담담히 받아들여 보자. 시간은 모든 것을 변하게 한다. 내 스스로 한계를 만들지만 않는다면 시간은 언제나 내 편이 되어 준다. 30대에 다시 읽었던 《데미안》은 지하철에서 내려야 할 곳을 지나치게 만들었고, 두 번째 읽었던 《칼의 노래》는 《난중일기》를 읽게 만들었다. 한계를 확인하는 것은 나를 고통스럽게 하지만 한계를 모르는 것은 타인을 고통스럽게 한다. 자신의 한계를 아는 것이 변화의 시작이다.

넉넉해지자. 독서는 휴식이고 배움이다. 무엇을 배우는 것은 나의 한계를 넘어서기 위함이지 한계를 만들기 위함이 아니다. 독서는 온전히 나를 위한 작업이다. 어깨에 힘 빼고 비 오는 주말에 할 일 없어서 책을 잡는 마음으로 읽어 보자. 그렇게 읽어도 된다.

스스로를 위해서 하는 일인데 무슨 거창함이 필요하겠는가!

손에 책을 들어라

•

언제나 여유로운 상태에서 책을 읽을 수는 없다. 도시는 우리에게 여유를 주는 데 인색하다. 이런 바쁨이 책을 안 읽어도 되는 가장 좋은 이유가 된다. 누군가 "책 읽는 거 좋아하세요?"라고 물으면 바빠서 못 읽는다면서 민망해한다. 그런데 그럴 필요 없다. 책을 안 읽는 것이 누군가에게는 지적 발전을 포기한 것처럼 보일 수도 있지만 배움이 꼭 책 속에만 있는 것은 아니지 않은가! 단지 책 밖의 세상에 존재하는 배움을 보지 못하는 어리석음만 경계하자.

어쨌든 우리는 바쁘다. 살고 있는 도시가 서울처럼 거대하다면 우리의 시간은 더 부족해진다. 가까운 거리를 이동할 때에도 차가 막혀서 한 시간씩 허비한 경험이 있지 않은가! 그런 경험이 쌓이게 되면 움직임은 스트레스로 다가온다. 그렇지만 생각을 달리해 보자. 우리가 대중교통 속에서 많은 시간을 보낸다는 사실은 그 시간 동안만큼은 아무것도 하지 않을 수 있다는 이야기이다. 그래서 사람들은 그 시간을 죽이기 위해서 스마트 폰에게 손과 입으로 스킨십을 한다.

스마트 폰이 가까이 있을수록 책은 멀어진다. 학생 방에 컴퓨터가 있으면 좀처럼 성적이 오르기 힘든 것과 같은 이치이다. 재미

있는 게임을 할 수 있는데 누가 영어 단어를 외우는 데 시간을 투자하겠는가! 조금만 멀리해 보자. 그리고 책을 가까이 두어 보자. 당신이 스마트 폰을 갖고 있지 않은 상태에서 책이 손에 들려 있다면 당신의 선택은 하나뿐이다. 바로 책을 보는 것!

도시에서 움직이면 분명 많은 시간이 걸린다. 수없이 많은 시간을 우리는 뭔가를 기다리며 보내야 한다. 그 시간을 활용하자. 손에 책을 들고 가자. 손에 있으면 분명 보게 된다. 나는 가방을 갖고 다녀도 지하철을 탈 때면 꼭 손에 책을 든다. 그래야 책을 펴게 되고 보게 된다. 이것만 기억하자. 책이 손에 들어가면 무조건 읽게 된다는 사실을!

같이 읽어라

•

대한민국 출판계는 사람들이 책을 읽지 않는다며 매년 신세한 탄을 한다. 물론 그 이유가 없지는 않을 것이다. 하지만 그렇다고 사람들이 책을 아주 안 읽는 것은 아니다. 여전히 어떤 책은 대중의 관심으로 베스트셀러가 되고 있으니 말이다.

"백지장도 맞들면 낫다."는 속담이 있다. 혼자보다는 같이 하면 어떤 일이든 쉽게 할 수 있다는 뜻이다. 이는 우리가 경험적으로 알 수 있는 부분이다. 같이 하면 물리적 힘도 덜 들지 않는가! 그런데 그보다 더 중요한 이유가 있다. 사람은 타인을 보면서 나의 기쁨과

슬픔을 측정한다. 만약 누군가 똑같은 고통을 겪고 있으면 나의 고통이 완화되는 것을 느낄 수 있다.

책 내용이 어렵고 지루해서 고통스러우면 일반적인 경우 책읽기를 포기한다. 나만 이해하지 못하는 것 같아 창피하고 하루빨리 고통에서 벗어나고 싶어진다. 하지만 그럴 때 누군가 옆에서 같이 죽는 소리를 하면 조금은 더 노력할 수 있게 된다. 특히 사법시험을 준비하는 법대생들은 이를 잘 안다. 맨 처음 형법 교과서를 펼치면 낯선 낱말과 논리구조에 당황하게 된다. 게다가 한 시간에 열 페이지 정도를 읽고 있는 자신을 발견하면 절망감은 극에 달한다. 그럴 때 쉬는 시간에 같이 공부하는 친구와 서로 푸념을 늘어놓고 나면 안심이 된다. 나만 혼자 못하는 것이 아니어서 다행스럽다고나 할까? 아무튼 그런 위로감이 공부를 계속할 수 있게 해 준다.

독서모임은 전국에 수도 없이 많다. 한 달에 한 권 정도의 책을 정해서 읽고 만나서 이야기 나누는 모임들. 너무 진지하지도 않고 너무 가볍지도 않아서 그 맛을 아는 사람들은 꾸준히 활동하는 것 같다. 물론 독서 클럽마다 읽으려는 분야의 책이 다르다. 비슷한 관심을 가진 사람들을 찾는 것이 좋다.

유명 출판사나 대형 인터넷 서점에서 운영하는 서평단에 참가하는 것도 좋다. 한 달에 두세 권의 책을 보내 주면 읽고 나서 인터넷에 서평을 써 주면 된다. 자연스럽게 책을 읽게 되기도 하고 글을 쓰게도 되어서 지원자가 항상 넘친다. 인터넷에서 조금만 발품을 팔면 다양한 분야의 서평단에 참여할 수 있다. 지인 중 한 사람은 두 개의 출판사에서 운영하는 서평단에 참여 중인데 한 달에 다섯 권 정도의 신간을 읽는다.

혼자 하는 것보다 같이 하자. 나의 힘든 일상은 누군가에게 내일을 사는 힘이 될 수 있다. 이기적 인간이 되기보다는 이타적 마음을 추구하는 사람이 되자. 조금만 눈을 돌려보면 당신을 기다리고 있는 공간이 있을 것이다.

써야 읽고 싶어진다

●

비판을 하면 글로 남겨 보라고 했다. 그래야 논리적 비판을 할 수 있으니까. 물론 그런 이유로 글을 쓸 수도 있지만 글쓰기는 그 자체로 매력적이다. 나는 종종 누구에게든지 무언가를 써 보라고 추천한다. 말은 사라지지만 글은 남는다. 글이 지식으로 바뀌지 말이 지식으로 바뀌지 않는다.

글을 써 보면 자신의 생각을 정리할 수 있다. 온전히 나를 위해 집중하는 시간이 된다. 게다가 잘 쓰려고 노력하다 보면 자연스럽게 독서에 관심을 기울이게 된다. 뭔가를 알아야 쓰지 않겠는가!

글을 써 보아야 자신의 부족함을 알 수 있다. 독서를 하지 않는 이유는 자신에게 책의 지식이 필요 없다고 생각하기 때문이기도 하다. 나의 부족함을 아는 것, 어쩌면 그것이 독서의 첫걸음일 수 있다. 글쓰기는 그런 부족함을 적나라하게 알려 준다. 읽기가 지식을 습득하는 과정이라면 쓰기는 지식을 생산하는 과정이다. 습득이 안 되면 생산도 없다. 자신의 글이 만족스럽지 못하면 그것은 나의 지식 습득이 만족스럽지 않다는 뜻이다.

어차피 지금은 문서의 세상이다. 많은 기업의 인사담당자들이 지원자들의 글쓰기 능력을 중요하게 본다는 얘기가 있다. 글을 보면 그 사람의 사고력이나 지식의 깊이를 알 수 있다는 이유에서이다.

읽는 것과 쓰는 것은 하나의 과정이다. 독서에 관심이 있다면 글쓰기에도 관심을 기울이기 바란다. 책만 읽는다면 지루하지 않겠는가! 무언가 써야 읽고 싶어진다. 반대로 읽었으면 쓰고 싶어진다. 자연스러운 과정이다.

만약 글쓰기에 관심이 있다면 장하늘의 《글 고치기 전략》이라는 책을 추천한다. 국어 문장의 이해도를 높여 주고 어떤 문장이 좋은 문장인지 친절하게 설명해 준다. 내가 아는 글쓰기 책 중에는 최고의 명작이다. 그 책이 어렵거나 글쓰기의 기초를 배우고 싶다면 《청소년 글쓰기》라는 책도 좋다. 중고생들의 글쓰기 문제점을 중심으로 좋은 문장과 좋은 글을 쓰는 법을 이야기하고 있다. 어쨌든 시중에 좋은 글쓰기 책은 많으니 한번쯤 읽어보기를 권한다.

책을 쓴 사람은 자기 책을 읽어 준 누군가가 참 고맙다. 내가 쓴 글이 읽힐 때 드는 마음은 자식이 성장해서 스스로 독립적인 삶을 살고 있음을 보는 부모의 마음과 비슷하다. 그리고 궁금해진다. 이 책을 읽은 사람들은 어떤 생각을 하고 있을까? 또는 어떤 생각을 얻었을까?

자식을 세상에 내놓는 부모의 마음이 어떨지 생각해 보았는가? 게다가 그 세상이 대한민국이라면……. 참 안쓰럽지 않을까 싶다. 이 책을 마무리하고 세상에 내어 놓는 내 마음이 사실 그렇다. 인스턴트 식품에 익숙해진 아이들에게 덜 자극적이면서 건강에 좋은 음식을 먹이기는 쉽지 않다. 물론 이 책이 인스턴트 식품인지 아닌지는 잘 모르겠다. 그래도 자극적인 문구나 화려한 작가의 경력으로 책을 내는 것은 아니니 인스턴트 식품은 아니라 믿고 싶다.

영화 〈루시〉에서 인간의 최종 목표는 지식의 전달이라는 말이 나온다. 지금은 공감하기 힘들겠지만 그 지식 전달의 획기적인 혁명이 책이었다. 그런 기본적이고 당연한 목적을 가진 책들이 갈수록 사라지고 있다.

왜 집에서 해 주는 엄마의 밥과 나가서 먹는 밥이 다른지 아는가? 엄마는 먹는 사람들의 건강을 위해서 해 주고 식당은 돈을 벌기 위해서 밥을 하기 때문이다. 목적이 다르니 그 가치도 다를 수밖에 없다.

좋은 책은 지식 전달이라는 기본 목적에 충실하면서 엄마의 마음을 갖고 만들어져야 한다. 내 책이 그런 책인지는 아직 자신 있게 말하지 못하겠다. 여전히 부족함을 알고 있다. 책을 다 쓰고 너무나 만족스러운 상태가 될 수 있는 작가는 없을 것이다. 다만, 끊임없이 노력하려고 할 뿐. 그리고 나 역시 그것을 지키려 할 뿐이다.

세상에는 갈수록 나쁜 책이 많이 나온다. 돈에 눈이 멀어 자신의 지식으로 남을 속이는 책들. 최소한 그런 책이 진리를 말하는 고전처럼 평가받지 않았으면 한다. 우리 모두 노력해야 할 부분이다.

마지막으로 주변을 돌아보면 이 책 역시 혼자 나오지 않았다는 생각을 한다. 응원해 준 지인들이 많았다. 옆에서 원고를 봐준 이진희 씨가 있었고 기획을 평가해 준 재욱이도 있었다. 당연히 이 원고를 선택해 주신 정광진 대표님께도 감사의 말을 전하고 싶다. 마지막으로 부모님께 이 책을 드리고 싶다.

김세연

읽어도 기억에 안 남는 사람들을 위한 독서법!

책을 삼키는 가장 완벽한 방법

초판1쇄 발행 2015년 2월 10일
개정판1쇄 발행 2016년 7월 1일

펴낸이 정광진
지은이 김세연

펴낸곳 (주)봄풀출판
인쇄 예림
제책 바다

신고번호 제406-2010-000089호
신고년월일 2009년 1월 6일

주소 413-756 경기도 파주시 교하읍 문발로 115 세종출판벤처타운 312호
전화 031-955-5071
팩스 031-955-5073
이메일 spring_grass@nate.com

ISBN 978-89-93677-88-1 03020

책값은 뒤표지에 있습니다.
잘못된 책은 바꾸어 드립니다.

이 도서의 국립중앙도서관 출판예정도서목록(CIP)은 서지정보유통지원시스템 홈페이지(http://seoji.nl.go.kr)와 국가자료공동
목록시스템(http://www.nl.go.kr/kolisnet)에서 이용하실 수 있습니다.(CIP제어번호: CIP2016015248)